Jean-Marie Ragon

# De la maçonnerie occulte et de l'initiation hermétique

Copyright © 2022 by Culturea
Édition : Culturea 34980 (Hérault)
Impression : BOD - In de Tarpen 42, Norderstedt (Allemagne)
ISBN : 9782382749579
Dépôt légal : août 2022
Tous droits réservés pour tous pays

# PREMIÈRE PARTIE :

## MAÇONNERIE OCCULTE OÙ L'ON TRAITE DES SCIENCES OCCULTES

# CHAPITRE PREMIER :

## Que les enfants des ténèbres deviennent les enfants de la lumière

Les sciences occultes révèlent à l'homme les mystères de sa nature, les secrets de son organisation, le moyen d'atteindre à son perfectionnement et au bonheur, enfin l'arrêt de sa destinée. Leur étude était celle des hautes initiations égyptiennes ; il est temps qu'elles deviennent l'étude des maçons modernes.

Les instituteurs primitifs avaient deux buts dans leurs mystères, qui n'étaient pas, l'un et l'autre sans quelques rapports identiques ; ce qui a fait croire, avec raison, qu'ils avaient une *double doctrine*.

Le premier but fut de tirer l'homme de l'état de barbarie pour le *civiliser*, et de prendre l'homme civilisé pour le *perfectionner*, afin de ramener l'homme que l'on croyait déchu à sa première nature. Suivant eux, l'homme était à refaire, il fallait le relever jusqu'à l'humanité ; l'initiation *seule pouvait le régénérer*. De là les *petits mystères*, imités dans la Franc-Maçonnerie actuelle.

Le second but fut la recherche des moyens de relever la matière à sa première nature, dont on la croyait aussi déchue.

L'or était jugé, pour la matière, ce que l'ÉTHER du huitième ciel était pour les âmes ; et les sept métaux, connus alors, appelés chacun du nom d'une planète, formaient l'échelle ascendante de purification matérielle qui correspondait aux épreuves morales des sept cieux.

Ainsi, la mystagogie ou *l'initiation aux mystères* avait ses deux divisions.

Dans la première, on ne *purifiait* que des penchants, on ne passait *au creuset* que des hommes ; c'était une alchimie des esprits, une mystagogie humaine.

La seconde était l'initiation aux mystères des opérations de la nature, une mystagogie des corps.

Dans l'une, on cherchait la *pierre cubique* ou la *pierre angulaire* du temple de la philosophie, capable de réunir intellectuellement par ce symbole ingénieux, toute l'humanité dans une même foi, une même espérance, un même amour.

Dans l'autre, on cherchait ce qui peut ramener l'âge d'or : la *pierre philosophale* et l'élixir qui prolonge la vie.

L'une servait de voile à l'autre, comme elle en sert encore aujourd'hui, ainsi que l'on peut s'en convaincre par quelques rapprochements qu'il nous est facile de faire.

Premier grade. — La Franc-Maçonnerie est dite *art royal*: *art*, parce que tout œuvre ne se fait que par une certaine combinaison de principes tendant à l'accomplissement du sujet que l'artiste se propose ; *royal*, parce qu'Ashmole, savant alchimiste, en faisait hommage au sage roi, qui a possédé à fond les lois de l'œuvre philosophique[1].

La *science parfaite* du philosophe est assez analogue à celle du maçon : il faut que le philosophe connaisse le véritable germe de la nature, avant de commencer son ouvrage ; de même, il faut que le maçon connaisse véritablement le noyau du cœur de l'homme, avant de se l'admettre pour frère.

Quand les philosophes parlent de l'or et de l'argent (symbolisés, dans les loges, par le soleil et la lune), d'où ils extraient leur matière, ils n'entendent pas parler de l'or et de l'argent vulgaires, parce qu'ils sont morts, tandis que ceux des philosophes sont pleins de vie.

L'objet de la recherche des maçons est la connaissance de l'art de perfectionner ce que la nature a laissé d'imparfait dans le genre humain et d'arriver au trésor de la vraie morale. — L'objet de la recherche des philosophes est, de même, la connaissance de l'art de perfectionner ce que la nature a laissé d'imparfait dans le genre métallique et d'arriver au trésor précieux de la pierre *philosophale*.

La vie résidant uniquement dans l'humide radical, pour ne pas manquer l'œuvre, il faut dépouiller la matière de ses scories, afin d'avoir le noyau ou le centre, qui renferme toute la vertu du mixte. — Cette dépuration a son symbole en maçonnerie, lorsqu'il faut *dépouiller* le candidat de tous les préjugés mondains et de l'erreur des passions dangereuses, pour l'amener à la vertu et à la perfection.

---

[1] On aurait pu dire également art impérial ou auguste quand au II<sup>e</sup> siècle Marc-Aurèle se fit admettre à l'initiation. L'origine donnée par le frère Dumast est curieuse et plus vraie : « D'aussi loin que l'homme a commencé à réfléchir sur lui-même, il a vu que dans certaines circonstances, connaissant et approuvant le bien il faisait pourtant le mal. Le *video meliora proboque, deteriora sequor* a dû lui prouver que la puissance des désirs était plus forte que celle de la raison ; il ne jouissait qu'en apparence, et non réellement, de son *libre arbitre* ; qu'il fallait par l'habitude de la résistance comprimer le ressort de ses passions avant d'acquérir la liberté effective de choisir et de se déterminer dans toutes les actions de la vie. Dès lors, la première idée qu'a fait naître l'aspect d'un sage, a été celle d'un homme libre et maître de lui-même ; et toute institution qui tendait à faire des sages est devenue un art de liberté et de royauté. « La plus belle de toutes les victoires est celle qu'on remporte sur soi-même : celui dont le cœur est esclave servirait jusque sur le trône ; celui dont le cœur est libre reste libre jusque dans les fers ». (V. l'Hermès, vol. 1, p. 169.)

Pierre brute. L'artiste doit travailler sur un corps créé par la nature, dans lequel elle aura joint le *soufre* et le *mercure*, qu'il doit séparer, et ensuite purifier pour les rejoindre derechef. Ce corps, s'appelle *pierre brute*. — Cette pierre brute est la même que les maçons travaillent à dégrossir et dont ils cherchent à ôter les superfluités, ce qu'en maçonnerie morale on appelle *destruction des vices*.

Le mot *vulgaire*, traduit en maçonnerie par *profane*, désigne tout sujet qui n'est pas propre à l'œuvre, tels que l'argent vif vulgaire, le soufre, le mercure du commerce, l'or et l'argent vulgaires; on ajoute quelquefois l'épithète stupide (stupide vulgaire) quand le sujet n'a pas de vie en soi.

Deuxième grade. — On y prouve la vérité de la Maçonnerie; on y explique le sens des choses, *l'étoile flamboyante*, etc.

Quelle est l'institution qui soit autant dans la voie de la vérité que la Maçonnerie? Elle a adopté la doctrine primitive, proclamé le G. A. de l'univers qu'elle honore par des hommages purs de tout culte et de superstition; elle recommande l'amour du prochain, la pratique de la vertu, de l'égalité et de la bienfaisance, l'horreur du vice, du mensonge et de l'hypocrisie, la tolérance dans les opinions, la soumission aux lois, le respect des droits d'autrui, la bienveillance universelle et le perfectionnement de soi-même par l'instruction et l'esprit de fraternité.

On prouve également la vérité de l'art philosophal: elle est fondée, premièrement, sur ce que la poudre physique étant faite de la même matière dont sont formés les métaux, à savoir l'argent vif, elle a la faculté de se mêler avec eux dans la fusion: une nature embrassant une nature qui lui est semblable. Secondement, sur ce que les métaux imparfaits restant tels, parce que tout argent vif est cru, la poudre physique, qui est un argent vif, mûr et cuit, et, proprement un pur feu, leur peut aisément communiquer la maturité et les transmuer en sa nature, après avoir fait attraction de leur humide cru, c'est-à-dire de leur argent vif, qui est la seule substance qui se transmue; le reste n'étant qu'escories et excréments, qui sont rejetés dans la projection[2].

Un artiste peut risquer d'entreprendre l'œuvre, lorsqu'il saura, par le moyen d'un menstrue végétable, uni à un menstrue minéral, dissoudre un troisième menstrue essentiel, avec lesquels réunis il faut laver la terre, et l'exhaler ensuite en *quintessence céleste*, pour en composer leur *foudre sulfureux*, lequel, en un instant, pénètre les corps et détruit les excréments.

---

[2] On lit dans le grade hermético-jésuitique l'Écossais vert ou le petit Saint-André d'Écosse: « Si l'adepte réussit dans sa projection en convertissant mille parties de métaux communs avec une seule de sa poudre il pourra dire avec raison qu'il a mille ans; en attendant, on ne lui accorde cet âge que *cérémoniellement*. »

On désigne, en maçonnerie, cette quintessence céleste par *l'étoile flamboyante* à cinq pointes, appelée par les philosophes *feu central de la nature*, symbolisé encore par la lettre G, qui veut dire *génération des corps*. C'est la philosophie hermétique qu'il ne faut pas confondre avec l'alchimie.

La matière philosophale existe partout; mais il faut la chercher spécialement dans la nature métallique, où elle se trouve plus facilement qu'ailleurs. Elle est la pierre angulaire, qui ne peut se désigner que par le *double triangle* ou *l'étoile à six pointes*, qui symbolise aussi les deux hémisphères. Cette figure est l'emblème de la sentence d'Hermès, qui dit que *ce qui est en bas est comme ce qui est en haut*. C'est aussi la pierre d'achoppement contre laquelle des milliers d'hommes ont échoué.

Troisième grade. — On connaît la maîtrise actuelle. Elle n'est, dans son résumé, qu'un pâle reflet de l'initiation primitive, dont le drame allégorique a été défiguré par la suite des événements politiques à l'époque de sa rénovation. Bien que le symbolisme moral y laisse une grande part au symbolisme philosophique, l'altération du système est telle, et les développements en sont si incomplets, qu'il faut aujourd'hui, toute l'habileté d'un vénérable instruit pour donner de l'intérêt aux interprétations des hiéroglyphes écourtés (le *Phénix* même a disparu) de ce beau grade.

Si, comme nous le désirerions, on voulait doubler les trois degrés symboliques, vrais grades d'épreuves, commentés et élaborés dans les trois écoles d'instruction que nous avons proposées avec trois grades correspondants appelés philosophiques ou grands mystères[3], dans lesquels seraient développées les doctrines secrètes, anciennes, on y ouvrirait à l'adepte le dépôt des connaissances et des vérités les plus utiles; il reconnaîtrait la vérité de l'alliance des deux systèmes, le symbolique et le philosophique dans les allégories des monuments de tous les âges, dans les écrits symboliques des prêtres de toutes les nations, dans les rituels des sociétés mystérieuses; il y verrait une série constante, une uniformité invariable de principes qui partent d'un ensemble, vaste, imposant et vrai, et qui ne seraient réellement bien coordonnés que là. Le charme de la séduction et le désir ardent de connaître pousseraient l'adepte à pénétrer dans le sanctuaire, en parcourant les sentiers épineux qui y mènent, et, secondé par une volonté forte, une persévérance constante et une étude sans préjugés, il parviendrait à soulever le voile;

---

[3] Il faudrait alors modifier le serment de l'apprenti qui ne convient qu'aux grands mystères, en vue desquels il a été fait.

et le secret de ces allégories, de ces emblèmes, de ces symboles, de ces énigmes sacrées, cesserait d'être un mystère pour lui ; car la nature lui serait dévoilée.

C'est ainsi que dans les écoles initiatiques, l'adepte se livrait aux études les plus profondes mathématiques, interprétation des nombres, navigation, architecture dans ses trois divisions sacrée, civile et nautique, etc. Les adeptes privilégiés ou reconnus dignes étaient initiés aux doctrines les plus secrètes et aux sciences occultes. Des philosophes des Temps modernes ont puisé à ces sources intellectuelles ; il ne sera pas indifférent aux maçons studieux qui aiment à connaître les diverses spéculations ou conceptions de l'esprit humain, de trouver ici les idées les plus saillantes, les aphorismes principaux, bases des systèmes de ces auteurs mystérieux [4].

La chaîne d'or. — Suivant Hermès et ses disciples, du centre de l'archétype (le plus haut des cieux) s'élance, sans interruption, l'esprit universel, source intarissable de lumière et de feu qui, traversant toutes les sphères célestes, et se trouvant graduellement condensé, flue continuellement vers la terre ; de même par l'action du feu central, du soleil terrestre, il s'échappe de la terre de continuelles

---

[4] Une société maçonnique qui établirait dans son sein une *Académie magnétique*, trouverait bientôt la récompense de ses travaux dans le bien qu'elle produirait et les heureux qu'elle ferait. Il conviendrait d'y fonder une bibliothèque composée de livres de choix parmi lesquels figureraient les ouvrages des divers auteurs magnétistes que nous citons et dont la plupart seraient flattés d'être au nombre des sociétaires. Comme il faut toujours et avant tout avoir un bon dictionnaire de la langue que l'on parle nous recommandons, avec toute confiance, comme auteur en philologie, l'ouvrage le plus satisfaisant en ce genre, œuvre colossale dont la conception hardie honore son auteur M. Maurice La Chatre, et dont l'exécution est digne de ses nombreux et savants collaborateurs qui mèneront à bonne fin cette entreprise gigantesque, répertoire littéraire le plus vaste des connaissances humaines, contenant l'analyse de 400 000 volumes. On devine que nous voulons parler du *Dictionnaire universel, Panthéon littéraire et encyclopédie illustrée*, deux magnifiques volumes grand in-4º, à trois colonnes, dont le premier est sur le point de paraître. Son titre d'*universel* est exact, car c'est le dictionnaire le plus complet de la langue française, et celui des arts, des sciences et de l'industrie, embrassant dans ses développements tous les dictionnaires spéciaux. A l'appui des définitions, toujours bien faites, la gravure vient donner au texte, aussi souvent que l'intérêt l'exige, le dessin des objets, des machines, des instruments, etc., la figure des animaux et des plantes, le panorama de certaines villes, et le portrait des hommes célèbres. C'est ainsi que 50 000 sujets, gravés sur bois et intercalés dans le texte, sont autant de moyens ingénieux par lesquels l'instruction attrayante obtenue par les yeux, satisfait et complète celle offerte à l'esprit qui la fixe plus facilement dans la mémoire. Maçons, souscrivez ! apportez votre pierre à ce beau monument national ; c'est une grande œuvre d'architecture philologique et scientifique bien digne de votre concours. L'ouvrage paraît par livraisons. Chaque livraison coûte 0 fr. 25 et contient la matière d'un volume in-8º. Il en paraît au moins six par mois ; 100 environ formeront un volume. On souscrit, franco, rue Notre-Dame-des-Victoires, 32 et chez les libraires.

émanations qui, bientôt sublimées, s'élèvent vers la voûte des cieux pour s'y dégager de leurs impuretés. En un mot, le feu condensé devient l'air ; l'air devient eau, l'eau contient la terre, de même la terre purifiée se convertit en eau, l'eau sublimée s'échappe en air l'air exalté se dissémine en feu [5]. Cette éternelle rotation des émanations éthérées, des molécules vitales, est peinte, dans la Genèse, sous l'emblème de l'échelle mystérieuse de Jacob, par où montaient et descendaient les anges. C'est la brillante chaîne d'or qui, suivant l'antique allégorie, liait tous les corps à la terre. On la représentait ordinairement par le signe X : A exprimait l'effluvion des atomes ignés du ciel à la terre, et V peignait leur retour vers les lieux éthérés. En effet, le triangle lumineux peint, chez les philosophes, le mouvement catabathmique des atomes ignés vers la terre, parce qu'au point de leur départ, ils sont dans tout leur éclat, dans toute leur pureté ; la pyramide noire ou le triangle obscur exprime, au contraire, leur ascension ou retour vers le ciel ; car, en quittant le globe, ils sont chargés de toutes les impuretés terrestres.

« Hermès représentait la science par le feu sacré que ses disciples alimentaient et qu'ils ne pouvaient laisser éteindre sous peine de mort. Il est terrible de devoir peindre, par un supplice humain, le malheur que cause, dans le monde intellectuel et moral, une interruption quelconque dans la transmission des sciences d'une génération à l'autre. Cette idée tout initiatique est une preuve que la science maçonnique moderne bien conçue est une transmission de la science antique. La lumière put voyager sous le boisseau (dans le cœur et dans l'intelligence de quelques initiés), mais jamais elle ne s'éteignit transmettons-la de même. »

---

[5] On dit en parlant de deux personnes qui sont mal ensemble, qui ne peuvent se souffrir : c'est l'eau et le feu. Quelle calomnie ! Existe-t-il un ménage qui s'entende mieux et qui soit plus capable de servir de modèle ? En effet, l'un s'absente-t-il, l'autre est toute glace et ne redevient eau qu'au retour du fugitif.

# CHAPITRE II :

## Puissance des nombres d'après Pythagore

« Les nombres sont *intellectuels* ou *scientifiques*.

Le nombre intellectuel subsistait avant tout dans l'entendement divin ; il est la base de l'ordre universel et le lien qui enchaîne les choses.

Le nombre scientifique est la cause génératrice de la multiplicité qui procède de l'unité et qui s'y résout.

Il faut distinguer l'unité, de l'art : l'unité appartient aux nombres, l'art, aux choses nombrables.

Le nombre scientifique est pair ou impair.

Il n'y a que le nombre pair qui souffre une infinité de divisions en parties toujours paires ; cependant, l'Impair est plus parfait.

L'unité est le symbole de l'identité, de l'égalité, de l'existence, de la conservation et de l'harmonie générale [6].

Le nombre binaire est le symbole de la diversité, de l'inégalité, de la division, de la séparation et des vicissitudes.

La *dyade*[7], origine des contrastes, représente pour eux la matière ou le principe passif.

---

[6] Le chiffre 1 a signifié *l'homme vivant* (corps qui se tient debout), l'homme est le seul des êtres vivants qui jouisse de cette faculté. En y ajoutant une tête, on eut le signe (P) de la *paternité*, de la puissance créatrice ; le R signifiait *l'homme en marche*, allant : *Iens, Iturus*.

[7] Ou le binaire s'emploie quelquefois dans le sens de *dualisme, dualité*. Dans la théogonie valentinienne, Bythos et Sigé constituent le *binaire* primitif des êtres. La dyade est aussi l'état imparfait dans lequel tombe un être, suivant les pythagoriciens, quand il se détache de la monade ou de Dieu. Les êtres spirituels, émanés de Dieu, s'enveloppent dans la dyade, et ne reçoivent plus que des impressions illusoires. Ce mot se dit pour *couple*, deux auteurs qui travaillent ensemble se nomment une *dyade littéraire*. Comme jadis le nombre *un* désignait l'harmonie, l'ordre ou le bon principe (Dieu un et unique, exprimé en latin par *solus*, d'où l'on a fait *sol*, soleil, symbole de ce Dieu), le nombre deux offrait l'idée contraire. Là, commençait la science funeste du bien et du mal. Tout ce qui est double, faux, opposé à l'unique réalité était dépeint par le nombre binaire. Il exprimait aussi l'état de contrariété dans lequel se trouve la nature où tout est double : la nuit et le jour, la lumière et les ténèbres, le froid et le chaud, l'humide et le sec, la santé et l'état de maladie, l'erreur et la vérité, l'un et l'autre sexe, etc. On sait que les Romains dédièrent à Pluton le second mois de l'année et que son deuxième jour était consacré à des expiations en l'honneur des mânes de leurs morts. Les catholiques ont la même consé-

Chaque nombre, comme l'unité et le binaire, a ses propriétés qui lui donnent un caractère symbolique qui lui est particulier.

La *monade* ou l'unité est le dernier terme, le dernier état, le repos de l'état dans son décroissement.

Le *ternaire* est le premier des impairs. La triade, nombre mystérieux, qui joue un si grand rôle dans les traditions de l'Asie et dans la philosophie platonicienne, image de l'être suprême, réunit en elle les propriétés des deux premiers nombres. Le ternaire représentait aux pythagoriciens non seulement la surface, mais encore le principe de la formation des corps [8].

---

cration: le pape Jean XIX, en 1003, institua la fête des Trépassés (passés au-delà) en ordonnant qu'on la célébrerait le deux novembre, deuxième mois de l'automne.

[8] Le *ternaire* était, pour les philosophes, le nombre par excellence et de prédilection. Nous avons dévoilé, dans le Cours interprétatif des initiations (2ᵉ édition, p. 137 et suiv.), une grande partie des nombreuses combinaisons auxquelles on a appliqué ce type mystérieux, révéré dans l'antiquité, et consacré dans les mystères; aussi n'y a-t-il que trois grades essentiels chez les maçons, qui vénèrent, dans le triangle, le plus auguste mystère, celui du ternaire sacré, objet de leurs hommages et de leur étude. La nature se divise en trois règnes; chacun d'eux est triple, d'où le *novaire* et le tout (*trinité*) ne fait qu'un, représenté par le *delta*. Disons pourquoi le *triangle*, figure purement géométrique, représente Dieu, et comment la Maçonnerie française en facilite l'interprétation. En géométrie, une ligne ne peut pas représenter un corps absolument parfait. Deux lignes ne constituent pas davantage une figure démonstrativement parfaite. Mais trois lignes forment, par leur jonction, le triangle ou la première figure régulièrement parfaite, et c'est pourquoi il a servi et sert encore à caractériser l'Éternel, qui, infiniment parfait de sa nature, est, comme créateur universel, le premier être, par conséquent, la première perfection. Le *quadrangle* ou carré, quelque parfait qu'il paraisse, n'étant qu'une seconde perfection, ne pouvait nullement représenter Dieu qui est la première. Remarquons bien que le mot Dieu, en latin comme en français, a pour initiale le delta grec ou le triangle. Tel est le motif, chez les anciens et les modernes, de la consécration du triangle dont les côtés figurent les trois règnes ou la nature ou Dieu. Au milieu est l'iod hébraïque (initial de Jehovah), esprit animateur ou le feu, principe générateur représenté par la lettre G, initiale du mot Dieu dans les langues du nord et dont la signification philosophique est génération. Voici, à ce sujet, un des avantages du rite français sur l'incohérent rite écossais. Le premier côté du triangle, offert à l'étude de l'*app.*, est le règne minéral, symbolisé par Tubalc. Le deuxième côté que doit méditer le *comp.* est le règne végétal, symbolisé par *Schibb* (épi). Dans ce règne commence la génération des corps; voilà pourquoi la lettre G est présentée radieuse aux yeux de l'adepte. Le troisième côté, dont l'étude concerne le règne animal et complète l'instruction de maître, est symbolisé par *Macben* (fils de la putréfaction). De cette triple étude ou triple science, caractéristique de chaque grade, dérive le nom de trinosophe (qui étudie ou connaît trois sciences, qui sont les trois grades ou la Maçonnerie). La Trimourti de la théologie indienne, Trilogie filiale composée de Brahma, Siva, Vischnou, personnifiée, dans le monde des idées, par: Création, Conservation, Destruction, et dans le monde des faits, par: la terre, l'eau, le feu, symbolisés par le lotus qui vit à la fois de la terre, de l'eau, et du soleil. Telle est la trimourti (trinité) primitive, rudimentaire, symbolique, résumée dans le lotus qui, pour cette raison, était l'attribut d'Isis (la nature). Une des doctrines de Manès était la trinité gnosticienne: un Dieu et deux principes, le bon et le mauvais. Le père habitait un séjour inconnu, resplendissant d'une lumière céleste; le fils était le soleil et l'esprit

Le *quaternaire* est le nombre le plus parfait et la racine des autres nombres et de toutes choses. La *tétrade* exprime la première puissance mathématique ; elle représente aussi la vertu génératrice de laquelle dérivent toutes les combinaisons. Les initiés la considéraient comme l'emblème du mouvement et de l'infini, représentant tout ce qui n'est ni corporel ni sensible. C'est comme symbole du principe éternel et créateur que Pythagore communiquait à ses disciples sous le nom de *quaternaire*, le nom ineffable de Dieu, qui veut dire *source de tout ce qui a reçu l'être*, et qui, en hébreu est de quatre lettres.

C'est dans le quaternaire que se trouve la première figure solide, le symbole universel de l'immortalité, la *pyramide*[9].

Car, si le triangle, figuré par le nombre trois, fait la base triangulaire de la pyramide, c'est l'unité qui en fait la pointe ou le sommet. Aussi, Lysis et Timée de Locres disaient-ils qu'on ne peut nommer une seule chose qui ne dépende du quaternaire comme de sa racine[10]. Il y a, selon les pythagoriciens, une liaison entre les dieux et les nombres, qui constitue l'espèce de divination appelée arith-

---

les airs. De son vivant, Manès eut douze apôtres. L'uni-trinité chrétienne est un Dieu en trois personnes, c'est-à-dire un Dieu qui a une triple représentation, qui est symbolisé trinement : comme créateur, animateur et conservateur ; car *persona*, personne, signifie *parfaite représentation*, ce mot est la contraction de *perfecte sonans*, figurant parfaitement. Le chiffre 3 symbolise la terre ; il est une figure des corps terrestres. Le 2, moitié supérieure du 3, est le symbole des végétaux ; sa moitié inférieure est soustraite à la vue. Les quatre premiers nombres allemands portent les noms des quatre éléments.

EIN, *un*, désigne l'*air*, cet élément qui, toujours en marche, s'insinue dans toutes les parties de la matière, et dont le flux et le reflux continuel est le véhicule universel de la vie.

ZWEY, *deux*, vient du tudesque *zweig* et signifie *germe, fécondité* ; il désigne la *terre*, cette mère féconde de toute production.

Drey — répond au trienos des Grecs et à notre trois ; il désigne l'eau. C'est pourquoi les divinités de la mer sont nommées Tritons ; que le trident est l'emblème de Neptune, et que la mer ou l'eau, en général, est appelée Amphitrite (eau qui entoure).

Vier, quatrième nombre en langue belge, signifie feu, et ne désigne, en allemand, que le nombre quatre. D'ailleurs, le feu, selon Plutarque, est le dernier des quatre éléments qui fut découvert.

[9] Les gnostiques prétendaient que tout l'édifice de leur science reposait sur un carré dont les angles avaient *sighé* (silence), *bathos* (profondeur), *noûs* (intelligence) et *alêthéia* (vérité).

[10] Aussi la matière étant représentée par le nombre 9 ou 3 fois 3, et l'esprit immortel ayant pour hiéroglyphe essentiel le *quaternaire* ou le nombre quatre, les sages ont dit que l'homme s'étant trompé et jeté dans un labyrinthe inextricable, en allant de quatre à neuf, le seul chemin qu'il ait à prendre pour sortir de ces routes ambiguës, de ces détours désastreux et du gouffre de maux où il s'est plongé, c'est de rebrousser chemin et d'aller de neuf à quatre. L'idée ingénieuse et mystique qui a fait vénérer le triangle fut appliquée au chiffre 4 : on a dit qu'il exprimait un *être vivant*, 1, porteur du triangle Δ, *porteur de Dieu*, c'est-à-dire l'homme portant avec soi un principe divin.

momancie. L'âme est un nombre, elle se meut d'elle-même ; elle renferme en elle le nombre quaternaire.

Le nombre cinq était considéré comme mystérieux, parce qu'il se compose, du *binaire*, symbole de ce qui est faux et double, et du *ternaire*, si intéressant dans ses résultats. Il exprime donc énergiquement l'état d'imperfection, d'ordre et de désordre, de bonheur et d'infortune, de vie et de mort, qui, se voit sur la terre ; il offrait même aux sociétés mystérieuses l'image effrayante du mauvais principe, jetant le trouble dans l'ordre inférieur, et, en un mot, le binaire agissant dans le ternaire.

Cependant, le *quinaire*, sous un rapport différent, était l'emblème du mariage, parce qu'il est composé de deux, premier nombre pair, et de trois, premier nombre impair. Aussi Junon, présidant à l'hyménée, avait-elle pour hiéroglyphe le nombre cinq[11]. Enfin, le quinaire offre une des propriétés du nombre neuf, celle de se reproduire en se multipliant par lui-même ; il vient toujours un cinq à la droite du produit, résultat qui le faisait employer comme le symbole des vicissitudes matérielles.

Le nombre cinq désignait la *quintessence universelle*, et symbolisait, par sa forme, *l'essence vitale*, *l'esprit animateur* qui *serpente* dans toute la nature. En effet, ce chiffre ingénieux est la réunion des deux accents grecs ʽ ʼ placés sur ces voyelles qui doivent être ou non aspérées[12]. Le premier signe ʽ a le nom d'*esprit fort*, il signifie l'esprit supérieur, l'esprit de Dieu aspiré (*spiratus*), respiré par l'homme.

Le second signe ʼ, s'appelle *esprit doux*, il représentait l'*esprit secondaire*, l'esprit purement humain[13].

---

[11] Les anciens représentaient le monde par le nombre cinq. Diodore en donne pour motif que ce nombre représente la terre, l'eau, le feu et l'éther ou *spiritus*. De là l'origine de *pentè* qui, en grec, veut dire cinq et de *pan* qui signifie tout.

[12] Prononcées rudement (*aspère*) hiatusement. Il n'y a que dans le dictionnaire de l'Académie et autres de même force, où l'on apprend qu'on *aspire* en parlant.

[13] C'est en perdant de vue le sens initiatique des choses, que la plupart des caractères, si expressifs alors, sont devenus aujourd'hui presque insignifiants. Il en est de même des caractères de l'écriture : les lettres n'étaient pas, comme aujourd'hui, réduites à donner l'image d'un son insignifiant. Leur rôle était plus noble. Chacune d'elles, par sa forme, offrait un sens complet qui, sans compter la signification du mot, avait une double interprétation, qui s'adaptait à la double doctrine. C'est ainsi que les philosophes, quand ils voulaient écrire de manière à n'être compris que des savants, confabulaient une histoire, un songe ou tout autre récit fictif avec des noms propres de personnes et de lieux qui recélaient, par leurs caractères *lettriques*, le secret des pensées de l'auteur. Tels étaient surtout leurs tissus religieux. L'écriture sera toujours en arrière de la parole qu'elle exprime sans la peindre, comme la parole restera en arrière de la pensée, qu'elle n'exprime pas toujours complètement, parce qu'il y a dans le son quelque chose d'inécrivable, comme dans la pensée, quelque chose d'inexprimable. Si l'on pouvait perfectionner l'ancienne écriture qui dépeignait les idées au lieu des sons, il en résulterait un langage universel,

Le nombre six était, dans les mystères anciens, un emblème frappant de la nature, comme présentant les *six* dimensions de tous les corps ; les six lignes qui en composent la forme, savoir : les quatre lignes de direction vers le nord, le midi, l'orient et l'occident, avec les deux lignes de hauteur et de profondeur, répondant au zénith et au nadir. Les sages appliquaient le sénaire à l'homme physique, tandis que le septénaire était, pour eux, le symbole de son esprit immortel[14].

---

intelligible à tous les peuples ; un tel livre serait anglais à Londres, allemand à Berlin, chinois à Pékin, français à Paris. Quel avantage pour le progrès des connaissances humaines ! Il suffirait de savoir lire pour comprendre toutes les langues à la manière des caractères arithmétiques. C'est ainsi que les Japonais et les Chinois, qui ont les mêmes signes graphiques, se comprennent, quoique parlant une langue différente ; comme le signe & pour les Anglais et les Français ; ils le nomment and, nous l'appelons et, et sa signification est la même. Delgrame, Wilkins, Leibniz se sont occupés de cette langue universelle, dite philosophique ; mais Demaimieux, dans sa *Pasigraphie*, a seul prouvé sa possibilité. Les caractères furent ainsi supplétifs à la parole, chaque lettre étant une figure qui représentait à la fois un son à l'oreille, une idée à l'intelligence, comme, par exemple, nous pourrions citer : F ; *fe* est un son tranchant, semblable au bruit de l'air traversé avec vitesse : *Foudre, fougue, fureur, fusée, flèche, fendre, fuir*, sont des mots expressifs qui peignent ce qu'ils signifient. Ce caractère rend bien ce qui passe avec rapidité : *Fortune, fumée, faveurs, fleurs, fêtes, flots, fleuve*. Avec quelle énergie le son de cette lettre exprime le coup tranchant et la vitesse de la faulx, dont sa forme est l'image ! Symbole de destruction, elle est l'initiale des mots : *funèbre, funérailles, famine, funeste, fin*. S (*se*), consonne et voyelle (puisque par elle-même elle produit un son), a dû devenir l'initiale de serpent (*serpens*) et de sifflement (*sibilus*), peignant à la fois le reptile et son cri. T, initial et final du nom du fameux Thot à qui est attribuée l'invention de l'alphabet égyptien, terminait l'alphabet des Hébreux et des Samaritains qui le nommaient Tau, c'est-à-dire *fin, perfection*. De là viennent *terminus, terme* et *terminer* (finir). Le son qu'il produit est *frappant* ; aussi croit-on que sa forme est celle d'un marteau, mot supérieur au *matteus* des Latins, d'où proviennent les verbes imitatifs : *taper, tonner, retentir*. Sa forme exprime aussi abri, sûreté, par les mots *toit, toiture* (*tectum*), dont cette lettre est l'initiale. C'est ainsi qu'en lisant le nom d'un minéral ou d'une plante, l'initié apercevait aussitôt la nature et la qualité du minéral, l'usage et la propriété particulière de la plante. Il pénétrait facilement dans l'*essence* de chaque chose, parce que cette essence avait été figurée par des caractères qui la rendaient sensible aux yeux du lettré. Appliquons ce système au mot *œil*, en le supposant composé dans cette vue. Un lettré, tout en ignorant l'idiome auquel le mot appartient, s'en serait rendu compte ainsi : O, corps rond ; E, esprit, âme, qui lui sont adhérents ; I, trait qu'il lance (rayon visuel) ; L, langage qui lui est propre ; il devinera et traduira, dans sa langue, le mot œil. Ainsi, le savant qui avait la clef des hiéroglyphes s'appelait donc *lettré*. Cette qualification était juste et méritée. Aujourd'hui que cette science est perdue, le mot s'est conservé et on l'applique, fort improprement, aux personnes qui n'ont que de l'érudition ou de la littérature. On appelle belles-lettres : la grammaire, l'éloquence et la poésie. On peut dire que, parmi les modernes, Voltaire était lettré ; mais chez les anciens, il n'eût pas mérité ce titre, s'il n'eût pas joint à son vaste savoir la connaissance des lettres. Les lettrés forment, en Chine une classe de savants réels qui connaissent la valeur de leurs nombreux caractères, et l'allégorie qui sert de voile à la religion du peuple. Ils ont la clef de la vérité qui est la seule science.

[14] Le sénaire hiéroglyphe (le double triangle équilatéral) est le symbole de la commixtion des trois feux et des trois eaux philosophiques, d'où résulte la procréation des éléments de toutes choses ; c'est pourquoi les anciens avaient consacré à Vénus le nombre 6, puisque les réunions

Jamais nombre n'a été si bien accueilli que le *septénaire*, dont la célébration est due, sans doute, au nombre dont les planètes se composaient. Aussi appartient-il aux choses sacrées. Les pythagoriciens le regardaient comme formé des nombres *trois* et *quatre*, dont le premier leur offrait l'image des trois éléments matériels et le deuxième leur peignait le principe de tout ce qui n'est ni corporel ni sensible ; il leur présentait, sous ces rapports, l'emblème de tout ce qui est parfait. Considéré comme composé du *sénaire* et de l'*unité*, ce nombre servait à désigner le centre invisible ou l'esprit de chaque chose, parce qu'il n'existe aucun corps dont six lignes ne constituent la forme, qui n'existe pas sans un septième point intérieur, comme centre et réalité de ce corps, dont les dimensions extérieures ne donnent que l'apparence. Les applications nombreuses du septénaire confirmèrent les anciens sages dans l'emploi de ce symbole[15]. D'ailleurs, ils exaltaient les propriétés du sept, comme ayant, en second, la perfection de l'unité, qui est le nombre des nombres ; car si l'unité est incréée, si aucun nombre ne la produit, le sept, non plus n'est engendré par aucun nombre contenu dans l'intervalle du dix ; et le quatre offre un milieu arithmétique entre l'unité et le sept, puisqu'il la surpasse du même nombre, le trois, dont il est surpassé par le sept, puisque quatre est au-dessus d'un, comme sept est au-dessus de quatre[16].

Le nombre huit ou l'octaire désignait la loi naturelle et primitive, qui suppose tous les hommes égaux. Des cieux, des sept planètes et de la sphère des fixes, ou de l'unité éternelle et du nombre mystérieux sept, se compose l'*ogdoade*, la hui-

---

des deux genres ou sexes, et la spagirisation de la matière par triades, sont nécessaires pour développer cette force génératrice, cette vertu prolifique, cette tendance à la reproduction, innée dans tous les corps. Le chiffre 6 était le symbole du globe terrestre, animé d'un esprit divin. Le chiffre 365 se lisait de droite à gauche et signifiait :

l'*esprit* du *globe animé* de la *terre.*
   5         6         3

[15] Pan, qui d'abord signifiait le grand tout, a fini par dégénérer en un dieu champêtre. Malgré l'étymologie, on aurait peine à découvrir son premier sens, s'il n'avait conservé sa flûte aux sept tuyaux, emblème des sept planètes, des sept notes de musique, des sept couleurs et de toute l'harmonie septénaire. En Arcadie, on le représentait quelquefois sans flûte, mais il avait sept étoiles sur la poitrine. Il portait la barbe, signe de paternité et de force génératrice, et, de plus, les cornes regardées autrefois comme signe de noblesse et de force. Toutes les divisions par sept mentionnées dans l'Apocalypse, comme dans tous les autres livres sacrés, même des Indiens, prouvent assez que le nombre septénaire, qui tient au culte néomique (lunaire), jouait le plus grand rôle dans les mystères et dans les religions.

[16] Le chiffre 7, chez les Égyptiens, symbolisait la vie ; c'est pourquoi la lettre Z des Grecs, qui n'est qu'un redoublement de 7, est l'initiale du verbe *Zâo*, je vis, et de *Zeus* (Jupiter), père de la vie. T, conformé du chiffre 7, symbole de la vie, et de la lettre Γ, symbole de la terre, exprime les êtres terrestres jouissant de la vie, ou les mortels. La lettre ou le chiffre I signifie l'*existence*, Ti signifie l'*existence des mortels*.

taine, premier cube des pairs, regardée dans la philosophie arithmétique comme sacrée [17].

Le nombre *huit* symbolise la perfection, sa figure 8 ou ∞ indique le mouvement perpétuel et régulier de l'univers.

Du NOVAIRE ou triple ternaire. Si le nombre trois a été célébré chez les premiers sages, celui de trois fois trois n'a pas eu moins de célébrité, parce que, suivant eux, chacun des trois éléments qui constituent nos corps est ternaire : l'eau renfermant de la terre et du feu ; la terre contenant des particules ignées et aqueuses, et le feu étant tempéré par des globules d'eau et des corpuscules terrestres, qui lui servent d'aliment. Aucun des trois éléments ne se trouvant ainsi dégagé des deux autres, tous les êtres matériels composés de ces trois éléments, dont chacun est triple, peuvent dès lors se désigner par le nombre figuratif de trois fois trois, devenu le symbole de toute corporisation. De là, le nom d'*enveloppe neuvaire* donné à la matière. Toute étendue matérielle, toute ligne circulaire a pour signe représentatif le nombre neuf, chez les pythagoriciens, qui avaient observé la propriété que possède ce nombre de se reproduire sans cesse lui-même et en entier dans toute multiplication, et qui offre à l'esprit un emblème bien frappant de la matière qui se compose sans cesse à nos yeux, après avoir subi mille et mille décompositions.

Le nombre *neuf* était consacré aux sphères et aux muses. Il est le signe de toute circonférence, puisque sa valeur en degrés est égale à 9, c'est-à-dire à 3 + 6 + 0. Cependant, les anciens ne voyaient pas ce nombre sans éprouver une sorte de terreur ; ils le considéraient comme mauvais présage, comme symbole de versatilité, de changement, et l'emblème de la fragilité des choses humaines. Aussi, évitaient-ils tous les nombres où neuf paraissait, et principalement 81 [18], qui est le produit de 9 multiplié par lui-même, et dont l'addition 8 + 1 présente encore le nombre neuf.

Si la figure du nombre 6 était le symbole du globe terrestre animé d'un esprit divin, la figure du nombre 9 symbolisait la terre, sous l'influence du mauvais principe ; de là cette terreur qu'inspirait le neuvaire. Cependant, selon les cabalistes, le chiffre 9 symbolise l'œuvre génératif, ou l'aspect d'un petit être conglobé dont la partie inférieure semble faire effusion de son esprit de vie.

L'Ennéade est le premier carré des nombres impairs [19].

---

[17] L'ogdoade gnostique avait huit *étoiles*, qui remplaçaient les huit cabires de Samothrace, les huit principes égyptiens et phéniciens, les huit dieux de Xénocrate, les huit angles de la pierre cubique.
[18] Selon *l'Écossais trinitaire*, 81 est le nombre mystérieux adoré des anges.
[19] Ennéade signifie assemblage de 9 choses ou de 9 personnes. On dit les Ennéades de Plotin,

Le nombre dix ou dénaire est la mesure de tout et il ramène à l'unité des nombres multipliés. Contenant tous les rapports numériques et harmoniques, et toutes les prérogatives des nombres qui le précèdent, il termine l'*abaque* ou la table de Pythagore. Ce nombre figurait aux sociétés mystérieuses l'assemblage de toutes les merveilles de l'univers. Elles le traçaient ainsi : Θ c'est-à-dire l'unité au milieu du zéro, comme le centre d'un cercle, symbole de la divinité. Elles voyaient dans cette figure tout ce qui est digne de fixer la pensée ; le *centre*, le *rayon* et la *circonférence* leur représentaient *Dieu*, l'*homme* et l'*univers*.

Ce nombre était, pour les sages, un signe de concordance, d'amour et de paix. Il est aussi, pour les maçons, un signe d'union et de bonne foi, puisqu'il se trouve exprimé par la jonction des deux mains ou la *grippe de maître*, dont le nombre des doigts donne 10 [20].

Le nombre douze, comme le nombre sept, est célébré dans le culte de la nature. Les deux plus fameuses divisions du ciel, celle par sept qui est celle des planètes, et celle par douze, qui est celle des signes, se retrouvent dans les monuments religieux de tous les peuples du monde ancien, jusqu'aux extrémités

---

titre sous lequel Porphyre a réuni les 54 traités de ce néoplatonicien en six sections de neuf chapitres chacune. Tout le monde connaît cette particularité assez singulière de 9 qui, multiplié par lui-même ou par un nombre quelconque, donne un résultat dont la somme finale est toujours 9, ou toujours exactement divisible par 9. 9, multiplié par chacun des nombres ordinaires, produit une progression arithmétique dont chaque membre, composé de deux chiffres, présente un fait remarquable, exemple :
1, 2, 3, 4, 5, 6, 7, 8, 9, 0.
9, 18, 27, 36, 45, 54, 63, 72, 81, 90.
La première ligne de chiffres donne la série régulière de 1 à 9.
La seconde ligne reproduit doublement cette série, d'abord d'une manière ascendante à partir du premier chiffre de 18, et d'une manière opposée en partant du second chiffre, de 81.
Il suit de cette remarque curieuse, que la moitié des nombres qui composent cette progression-ci :
9, 18, 27, 36, 45 = 135 = 9, représente, dans un ordre inverse, les chiffres de la seconde moitié : 90, 81, 72, 63, 54 = 360 = 90 ou 9.
Ainsi, 45 est opposé à 54, 36 à 63, 27 à 72, 18 à 81, et chacun de ces nombres, on tous réunis, pré sentent toujours des 9 : 99, 99,99,99,99 = 495 = 18= 9.

[20] 10 termine tout intervalle de nombre ; car qui veut compter au-delà revient à 1, 2, 3, et compte ainsi la seconde dizaine jusqu'à 20, la troisième dizaine de même jusqu'à 30, et ainsi de toutes les dizaines jusqu'à 100. Après ce nombre, on recommence, et l'intervalle de 10 ainsi répété va jusqu'à l'infini. Mais 10, n'étant que 1 suivi de zéro, indiquerait que hors de l'unité tout est néant, et que c'est par elle seule que toutes choses subsistent. Du nombre 100. — L'empereur Julien, envoyant 100 figures à Sérapion, lui écrit une lettre badine dans laquelle il fait l'éloge du nombre centenaire, auquel les anciens attachaient une très grande importance, à cause de ses propriétés arithmétiques, affectant à l'égide de Jupiter l'ornement de 100 franges ; à Briarée, 100 mains ; à Typhée, 100 têtes ; à Argus, 100 yeux ; dans l'île de Crète, 100 villes et à Thèbes, 100 portes (100 palais).

de l'Orient. Quoique Pythagore ne parle point du nombre douze, il n'en est pas moins un nombre sacré. Il est l'image du zodiaque, et, par conséquent, celle du soleil qui en est le chef.

Dans la doctrine pythagoricienne, le système des nombres résolvait le problème de la cosmogonie.

Cette science des nombres représentait non seulement des qualités arithmétiques, mais toute grandeur, toute proportion. Par elle, on devait arriver à la découverte du principe des choses, ce qu'on appellerait aujourd'hui l'ABSOLU [21].

Les anciens et Pythagore lui-même, dont on n'a pas toujours saisi les vrais principes, n'ont jamais eu l'intention d'attribuer aux nombres, c'est-à-dire à des signes abstraits, aucune vertu particulière ; mais les sages de l'antiquité s'étant accordés à reconnaître une cause première et unique (matérielle ou spirituelle) de l'existence de l'univers, de là, l'unité est devenue le symbole de la Divinité suprême ; on s'en est servi pour exprimer, pour représenter Dieu, mais sans attribuer au nombre un aucune vertu divine ou surnaturelle.

On a dit avec vérité :

« La philosophie est la raison parlée ou écrite et son action ne se manifeste qu'escortée de la science (ou la science en pratique).

« Appliquée à la nature, elle a produit la physique.

« Appliquée à la vie, elle a produit l'hygiène.

« Appliquée à la matière, elle a produit la chimie.

« Appliquée à la législation, elle a produit la jurisprudence.

« Appliquée à la richesse, elle a produit l'économie.

« Appliquée à l'intelligence, elle a produit la psychologie.

« Appliquée à la certitude (vérité), elle a produit la méthode, etc.

« Au lieu de dire connaissance (faculté de connaître), on dit philosophie, ou la raison qui opère par sa propre vertu (faculté), qui expérimente, qui compare, qui retire le fait de son élément pour le grouper, le généraliser, l'élever à l'état de loi, et de l'état de loi à l'état de science. Toute découverte provient de la philosophie.

---

[21] Ou l'*unité* ; ce terme éminent vers lequel se dirige toute philosophie, ce besoin impérieux de l'esprit humain, ce pivot auquel il est contraint de rattacher le faisceau de ses idées ; l'unité, cette source, ce centre de tout ordre systématique, ce principe de vie, ce foyer inconnu dans son essence, mais manifeste dans ses effets ; l'unité, ce nœud sublime auquel se rallie nécessairement la chaîne des causes, fut l'auguste notion vers laquelle convergèrent toutes les idées de Pythagore. Il refusa le titre de sage, qui veut dire celui qui sait ; il créa et prit le titre de philosophe, signifiant celui qui sait ou qui étudie les choses cachées, occultes. L'astronomie qu'il enseignait mystérieusement, c'était l'astrologie ; sa science des nombres était basée sur les principes cabalistiques. On a, sous son nom, des sentences, vulgairement nommées *Vers dorés*. Fabre d'Olivet les a traduites en vers blancs ; mais la plupart n'en sont pas devenues plus claires.

Elle est donc la science première, la science des sciences. Tout homme de génie ou savant a commencé par être philosophe.

« La philosophie détruit l'erreur. »

Les principes philosophiques des anciens, qui faisaient la base de l'enseignement secret dans les grands mystères, se sont transmis, d'âge en âge, par les initiés. Nous les trouvons reproduits dans les ouvrages datés des derniers siècles et surtout du XIV$^e$, dont nous allons citer l'opinion de trois auteurs renommés dans les sciences secrètes. Dans une matière aussi importante, il ne faut pas craindre quelques répétitions ; car elles annoncent une conformité d'idées et de but et ne peuvent que servir de confirmation à la sagesse antique.

# CHAPITRE III :

## Philosophie occulte d'Agrippa [22]

Il y a trois mondes l'*élémentaire*, le *céleste*, l'*intellectuel*.

Chaque monde subordonné est régi par le nombre qui lui est supérieur. Il n'est pas impossible de passer de la connaissance de l'un à la connaissance de l'autre, et de remonter jusqu'à l'archétype. C'est cette échelle qu'on appelle le magisme, contemplation profonde qui embrasse la nature, la puissance, la qualité, la substance, les vertus, les similitudes, les différences, l'art d'unir, de séparer, de composer, en un mot le travail entier de l'univers.

C'est un art sacré qu'il ne faut pas divulguer. La liaison universelle des choses constate la réalité et la certitude du magisme.

Les quatre éléments, principes de la composition et de la décomposition, sont triples chacun. Le *feu* et la *terre*, l'un principe actif, l'autre principe passif, suffisent à la production des merveilles de la nature.

Le *feu* par lui-même, isolé de toute matière servant à manifester sa présence et son action, est immense, invisible, mobile, destructeur, restaurateur, porté vers tout ce qui l'avoisine, flambeau de la nature dont il éclaire les secrets.

La *terre* est le suppôt des éléments, le réservoir de toutes les influences célestes ; elle en a tous les germes et la raison de toutes les productions : les vertus d'en haut la secondent.

Les germes de tous les animaux sont dans l'eau.

L'*air* est un esprit vital qui pénètre les êtres et leur donne la consistance et la vie : unissant, agitant, remplissant tout, il reçoit immédiatement les influences qu'il transmet. Il s'échappe des simulacres spirituels et naturels qui frappent nos sens.

Dans le monde archétype, tout est dans tout : proportion gardée, c'est la même chose dans celui-ci.

---

[22] Henri-Corneille Agrippa, philosophe, médecin, l'un des hommes les plus savants de son siècle, parlant huit langues. Il naquit à Nettesheim, près Cologne, le 14 septembre 1486, et mourut en 1536. Il professa toutes les conditions. On a de lui : *De incertudine et vanitate scientiorum* ; *De occulta philosophia* ; *Declamatio de nobililate et præcellentia feminei sexus*. Ouvrages souvent traduits et réimprimés.

Il y a une cause sublime, secrète et nécessaire du sort, qui peut conduire à la vérité.

Le monde, les cieux, les astres ont des âmes qui ne sont pas sans affinité avec la nôtre.

Le monde vit, il a ses organes, il a ses sens.

Les imprécations ont leurs efficacités. Elles s'attachent sur les êtres et les modifient.

Les noms des choses ont leur pouvoir. L'art magique a sa langue cette langue a ses vertus : c'est une image des signatures. De là l'effet des invocations, évocations, adjurations, conjurations et autres formules.

Il paraît que le nombre est la raison première de l'enchaînement des choses.

Les nombres ont leur vertu, leur efficacité bien ou malfaisante.

L'unité est le principe et la fin de tout ; elle n'a ni fin ni principe. Le binaire est mauvais.

Dieu est la monade. Avant qu'il s'étendît hors d'elle même et produisît les êtres, il engendra en elle le nombre ternaire qui, comme l'unité, représente en Dieu, l'âme du monde, l'esprit de l'homme.

Le quaternaire est la base de tous les nombres.

Le quinaire a une forme particulière dans les expiations sacrées ; il est tout. Il arrête l'effet des venins. Il est redoutable aux mauvais génies.

Le septénaire est très puissant, soit en bien, soit en mal.

Le nombre dénaire est la mesure de tout.

L'homme a tout en lui : le nombre, la mesure, le poids, le mouvement, les éléments, l'harmonie.

Les caractères des mots ne sont pas leurs vertus ; on en peut tenir la connaissance des propriétés et des événements.

L'harmonie analogue au concert des cieux en provoque merveilleusement l'influence.

L'intelligence de Dieu est incorruptible, immortelle, éternelle, insensible, présente à tout, influant sur tout.

L'esprit humain est corporel, mais sa substance est très subtile et d'une union facile avec la particule de l'esprit universel, âme du monde, qui est en nous.

Peu de personnes ont compris son traité de *Philosophie occulte*, car il y avait une clef qu'il réservait pour ses amis du premier ordre. (19 *epist.*, lib. v).

Il a dit, avec raison, que tout ce que les livres apprennent touchant la vertu du magisme, de l'astrologie, de l'alchimie, est faux et trompeur, quand on l'entend à la lettre ; qu'il y faut chercher le sens mystique, sens qu'aucun des maîtres n'avait encore développé (nous renvoyons aux *Fastes initiatiques* les divers hiéroglyphes d'Agrippa).

# CHAPITRE IV :

## Principes de la philosophie rationnelle de Cardan [23]

Il y a une matière première dans tout ce qui existe en fait. Cette matière subsiste lorsque la forme actuelle du corps est détruite, car rien ne s'anéantit.

Il est évident qu'il y a, dans la nature, quelque chose de caché sous la forme, et qui en est le *substratum*. Ce *substratum* n'est point engendré et ne s'anéantit point par corruption. Or, c'est ce qu'il appelle la *matière première*, matière improduite, éternelle, infinie, indestructible.

La matière première existe toujours sous quelque forme.

Il n'y a point de vide dans la nature.

La matière est partout : elle ne peut exister sans une forme quelconque, d'où il suit nécessairement que la forme est partout.

Il n'y a point d'espace sans corps. L'espace est éternel, immobile et immuable.

Les principes des choses naturelles sont au nombre de *cinq*: la *matière*, la *forme*, l'*âme*, l'*espace* et le *mouvement*.

Il n'y a que deux qualités premières la *chaleur* et l'*humidité*.

Le *temps* n'est pas un principe, mais il en approche, parce que rien ne se fait sans lui. Le *repos* n'est pas non plus un principe, mais la prévision d'un principe, comme la *mort*, le *froid*, la *sécheresse*.

Il y a trois choses éternelles dans leur nature: l'intelligence, la matière première et l'espace ou le lieu. La quantité de la matière est toujours la même dans l'univers.

Notre âme est représentative comme un miroir (*anima enim nostra tanquan speculum*). Leibniz, un siècle et demi après, dit que chaque âme ou monade est un miroir vivant ou doué d'action interne, représentatif de l'univers, suivant tout point de vue, et aussi réglé que l'univers même.

—Cardan devint extatique à cinquante-trois ans. C'est le plus célèbre des

---

[23] Jérôme Cardan, philosophe, médecin, naturaliste, astrologue et mathématicien, est né à Pavie en 1501. Avec plus d'instruction que Paracelse, il lui ressembla par la tournure singulière de son esprit. Il mourut en 1576. Il a laissé: *De vita propria*; opera, 1663, 10 vol. in-f°.

extatiques que présente l'histoire moderne, après Jeanne d'Arc. Sous plusieurs rapports, il rappelle Socrate : comme lui, il tombait en extase à volonté, et voyait, avec les yeux de l'esprit, des objets étrangers et éloignés ; il affirme, comme le sage de la Grèce, qu'il ne lui est rien arrivé de bien ou de mal, et même d'indifférent, dont il n'eût été prévenu auparavant. Pendant ses extases, qui étaient de courte durée, il ne sentait pas les douleurs violentes de la goutte, et n'entendait pas le bruit qui se faisait autour de lui. Il mourut à soixante-quinze ans, ainsi qu'il l'avait prédit. Socrate, qui avait eu devant ses juges le pressentiment de sa condamnation et de sa mort, dit à son ami Criton qu'il mourrait dans trois jours. Cardan ne croyait pas, comme Socrate, qu'il était favorisé d'un *génie particulier* ; il attribuait cette faculté extraordinaire à la force de la vertu imaginative, à la subtilité de sa vue, et, surtout, à une nature particulière de son âme.

En 1431, on avait condamné dans Jeanne d'Arc, des révélations et des apparitions comme étant les œuvres du démon. Cent ans plus tard, on canonisait Thérèse pour les mêmes causes.

# CHAPITRE V :

## Système philosophique et médical de Paracelse [24]

L'Écriture sainte conduit à toutes les vérités.
La Bible est la clef de la théorie des maladies.
On doit interroger l'Apocalypse pour connaître la médecine des mages.
Tous les êtres, même les minéraux et les fluides, prennent des aliments, des boissons, et expulsent des excréments.
Sa théorie physiologique est fondée sur l'application des lois de la cabale à la démonstration des fonctions du corps humain.
La force vitale est une émanation des astres
Le soleil se trouve en rapport avec le cœur ;
La lune se trouve en rapport avec le cerveau ;
Mars se trouve en rapport avec la bile ;
Mercure se trouve en rapport avec les poumons ;
Jupiter se trouve en rapport avec le foie.
Vénus se trouve en rapport avec les reins et les organes de la génération ;
Saturne se trouve en rapport avec la rate [25].

---

[24] Auréole-Ph. Théophraste Bombast de Hohenheim, dit Paracelse, célèbre médecin, alchimiste et thaumaturge, est né à Einsüdeln, près Zurich, en 1493. Il fut initié aux opérations alchimiques et magiques par l'abbé Tritheim et par plusieurs évêques allemands desquels viennent, sans doute, ses interprétations bibliques. Il mourut à Salzbourg, le 24 septembre 1541, seulement âgé de 48 ans. — Ses *Œuvres* (en latin) forment 3 vol. in-f°, Genève, 1658.

[25] « Ces six planètes sont connues de toute l'antiquité, la septième, Uranus, n'a été découverte qu'en 1781, par Herschell, créateur de l'astronomie *stellaire*. Mais les sciences occultes et les calculs ayant révélé que les planètes devaient exister au nombre de sept, les anciens ont été entraînés à faire entrer le soleil dans le clavier des harmonies célestes, et à lui faire occuper la place vacante. Alors, toutes les fois qu'ils observaient une influence qui ne dépendait d'aucune des six planètes connues, ils l'attribuaient nu soleil, lui rapportant ainsi toute la puissance d'Uranus qu'ils ne connaissaient pas. « Cette erreur paraît importante, pourtant elle est insignifiante dans la pratique des résultats, si dans les tables des anciens astrologues, on met Uranus à la place du soleil qui n'est pas une planète, mais bien un astre central, pivotant et relativement immobile, qui règle le temps et la mesure, et qui ne devait pas être détourné de ses véritables fonctions. « Il suit de là que la nomenclature des jours de la semaine, provenant du système planétaire indien, est fautive, et que le jour du soleil (dimanche) devrait être le jour d'Uranus (Urani dies,

Les feuilles sont les mains des végétaux; leurs lignes (signatures) indiquent les propriétés qu'ils possèdent.

Le médecin doit connaître les planètes du microcosme, son méridien, son zodiaque, son orient et son occident.

Urandi), ou tout autre nom qu'aurait eu cette immense planète. »

# CHAPITRE VI :

## Iatricie [26] ou art de guérir

Pour les philosophes iatriques, chaque plante et chaque constellation correspondaient, d'une part, à tel arbre, telle plante, tel minéral, et, de l'autre, à telle ou telle partie du corps humain.

L'application de ce principe à l'art de guérir fut bien simple : le siège d'une maladie étant connu, l'astrologie iatrique faisait, pour la détruire, usage des plantes corrélatives à la partie du corps affectée. C'est ainsi que le basilic, la lavande et le safran étaient indiqués pour guérir les douleurs d'estomac, parce que ce viscère était sous l'empire du lion, et que ces trois plantes correspondaient à ce signe.

D'autres, pour guérir, employaient les plantes dont la configuration des parties avait quelque similitude avec celle de la partie affectée du corps humain ; ainsi, l'anthora, représentant par ses racines deux cœurs unis, était indiquée pour les maladies du cœur, et l'anthemis (camomille) passait pour une plante ophtalmique, parce que sa fleur a quelque similitude avec l'organe de la vue, etc. L'efficacité de ces plantes anthropoïdes (*anthrôpos*, homme, *eidos*, imitation, qui ressemble à l'homme) a souvent donné raison à cette méthode.

L'observation des similitudes alla jusqu'à la couleur du suc des plantes, leur saveur, leur odorat, leur toucher, etc., enfin le nombre de leurs feuilles accouplées, celui des pétales, des étamines, celui des nœuds de la tige, etc., étaient sous la domination de telle planète, et présentaient encore de nouvelles ressources aux médecins astrologues.

Les rapports des trois règnes aux fictions astrologiques des hiérophantes, qui avaient déterminé ces concordances entre l'homme, les éléments, les corps célestes et les individus nombreux de ces trois règnes, prouvent que, s'ils errèrent quelquefois dans les systèmes interprétatifs qu'ils établirent, ils avaient du moins poussé fort loin l'observation de la nature.

Les harmonies, tant admirées, de Bernardin de Saint-Pierre, entre les animaux, les végétaux et les grandes masses minérales, étaient toutes connues des prêtres égyptiens : elles se trouvent disséminées dans leurs fables religieuses. Ce

---

[26] Du gr. *iatréao*, je guéris.

naturaliste philosophe n'a retrouvé que ce qui existait quatre mille ans avant lui. Il serait facile d'en reproduire le tableau[27].

---

[27] C'est ici le lieu d'indiquer, d'après un observateur, plusieurs découvertes modernes renouvelées de l'antiquité. Le genre humain semble marcher de découverte en découverte, tandis que, le plus souvent, il ne fait que regagner ce qu'il avait perdu ; car, la plupart des inventions modernes dont les nations se glorifient sont des choses qu'on savait il y a 3 à 4.000 ans, mais que la dévastation, le carnage et l'incendie ont fait oublier ou perdre, et que les penseurs modernes n'ont que retrouvées. C'est ainsi que :

« Buffon n'est qu'une reproduction d'Anaxagore, d'Empédocle et autres, lesquels enseignaient, il y a 3.000 ans, que tout, dans l'univers, est composé de molécules éternelles qui, mues par un feu subtil et actif, se combinent tour à tour, de mille et mille manières diverses ; qu'il n'y a, par conséquent, point de vie ni de mort, mais seulement des transformations perpétuelles.

« Descartes n'est qu'une reproduction de Leucippe, Démocrite et autres, lesquels enseignaient que les corps célestes ont été formés par une multitude d'atomes se rencontrant et tournant ensemble, les plus lourds se portant à des centres, les plus légers à leur circonférence, et chacune de ces concrétions étant emportée dans une matière fluide qui reçoit de leur rotation rapide une impulsion qu'elle communique aux concrétions moins fortes.

« Newton n'est qu'une reproduction d'Anaxagore, de Démocrite, Chrysippe, Timée de Locres, Pythagore, Aristote, Lucrèce, Macrobe, Plutarque, lesquels ont dit que la plus petite molécule de matière donnée peut suffire, par la division, à remplir un espace infini ;

Ont parlé, les uns de deux forces émanées de l'âme du monde et combinées dans des proportions numériques (les forces centripète et centrifuge) ; les autres, de l'attraction mutuelle des corps, attraction qui les fait graviter et les retient dans des sphères particulières à chacun d'eux ;

Ont indiqué, enfin, le rapport de la pesanteur des corps avec leur quantité de matière, et comment la gravitation des planètes vers le soleil est en raison réciproque de leur distance de cet astre.

« Leibniz, Malebranche et tant d'autres modernes, avec leurs idées innées, ne sont que des reproductions des Chaldéens, des Celtes, de Pythagore, d'Heraclite, de Platon, lesquels ont tous dit que l'âme humaine est émanée de l'essence divine ; qu'ayant péché, elle est déchue et condamnée à demeurer dans le corps ainsi que dans une prison, et que la philosophie ne fait que la ramener aux connaissances qu'elle a perdues.

« Franklin et ses paratonnerres ne sont qu'une reproduction des prêtres d'Étrurie qui savaient attirer l'électricité (les nuages.

Nos inventeurs de machines à vapeur ne sont que des reproductions des prêtres égyptiens qui faisaient mouvoir par la vapeur les statues de leurs dieux, et de l'ingénieur égyptien Héno, qui fit certainement voyager des locomotives sur des rails, car on a retrouvé, en Égypte, des routes à rainures et, dans ces rainures, des fragments de fer.

595 ans avant notre ère, le prophète Ezechiel eut une vision qu'il décrit dans son premier chapitre. Avec quelque attention, on y découvre la description d'une locomotive emportée par l'impétuosité d'une force intérieure, et marchant devant elle sans s'arrêter. (Voir l'Almanach prophétique de 1851, p. 49.)

« Nos magnétiseurs ne sont que des reproductions des magiciens (magistes) égyptiens, de Moïse, de Jésus, lesquels, bien autrement savants (initiés) qu'eux, faisaient de bien autres miracles que les leurs.

« Nos somnambules clairvoyants ne sont aussi que des reproductions des prophètes chez les

MAÇONNERIE IATRIQUE. — Cette Maçonnerie fut instituée dans le XVIIIᵉ siè-

Hébreux, des pythies à Delphes, des sybilles à Cumes, des druides, etc.

« Comment tous ces prêtres inspirés des temps passés acquéraient-ils cette plus ou moins grande lucidité, qui leur permettait de voir, plus ou moins clairement, dans le monde occulte ? C'était par un long et sévère régime d'abstinence, par des jeûnes fréquents, qu'ils asservissaient la matière à l'esprit ; c'était en anéantissant le corps qu'ils donnaient la vie à l'âme, qu'ils arrivaient à l'extase :

Moïse s'isolait sur le mont Sinaï ; Zoroastre, sur le Bordjah ; Manou, sur les bords solitaires du Gange ; Orphée, sur les monts de la Thrace ; les druides, dans les profondeurs des forêts celtiques.

La séparation possible de l'être matériel d'avec l'être moral a été entrevue depuis la pus haute antiquité.

Pythagore a dit : « Quand ton âme, délaissant ce corps, rayonne « librement dans l'éther, elle y jouit de l'infinie vision résultant de son incorporalité. »

Platon a dit : « L'homme, dans le principe, était un être spirituel, c'est l'esprit qui l'a revêtu d'un corps mortel ; en sorte que ce que nous voyons de l'homme n'est pas, à proprement parler, l'homme. »

Hippocrate dit que l'âme voit très clairement la maladie intérieure du corps et peut en suivre le cours par avance.

Philon-le-Juif, philosophe platonicien, né à Alexandrie (Égypte), 30 ans avant Jésus-Christ, dont il fut contemporain, était très versé dans la cabale (kabbala) et l'interprétation des Écritures sacrées. Auteur de plusieurs ouvrages mystiques, où les Pères de l'Église chrétienne ont puisé grand nombre d'inspirations sublimes, il a écrit :

Quand nous lisons dans la Bible que Dieu a parlé aux hommes, il ne faut pas croire que leurs oreilles aient été frappées d'une voix « matérielle, mais c'est l'âme qui, étant éclairée par la lumière la plus pure, a rayonné vers Dieu à travers l'espace et a conversé avec lui. » — En effet, son infinie spiritualité ne peut lui faire supposer un corps articulant des sons, il ne peut parler à nos yeux que par le spectacle de l'univers, donc, Dieu-Verbe est l'Éternel manifesté dans les créatures qu'il anime.

Philon étudia profondément la philosophie des Grecs. Il fut, en l'an 40, envoyé vers l'empereur Caligula, par les Juifs, pour leur obtenir droit de cité. Il mit à profit la connaissance qu'il avait de tous les systèmes grecs, pour représenter sa religion nationale comme une doctrine parfaite et divine, ouvrant ainsi la voie à Flavius Josèphe, historien et général juif, né à Jérusalem, en l'an 37, auteur de l'*Histoire de la guerre des Juifs*, et des *Antiquités judaïques* ; lequel imita son coreligionnaire Philon quelques années plus tard. On regrette de trouver dans son Histoire des passages qu'une pieuse fraude a interpolés.

Tous les récits de Philon sont précieux, non seulement pour la connaissance de la philosophie néo-platonicienne, mais encore pour l'intelligence des septante et des écrivains du Nouveau-Testament, ses contemporains.

Il reste de lui : *De mundi creatione secundum Mosen* ; *De vita Mosis* ; *De vita contemplativa* ; *De mundo*. La meilleure édition de ses œuvres est celle de Leipzig, 1828, 8 vol. in-8°. On doit à Ancher quelques fragments retrouvés dans des versions arméniennes.

M. Dumas, dans ses *Leçons de statistique chimique des êtres organisés*, est, après une multitude d'analyses et d'innombrables expériences, arrivé à dire : « Les plantes et les animaux dérivent de l'air, ne sont que de l'air condensé ; ils viennent de l'air et y retournent. »

350 ans avant notre ère, Anaximène et quelques philosophes de l'école ionienne, avaient, par divers procédés différents de ces derniers, découvert le même résultat.

cle. Les adeptes cherchent la médecine universelle. Nous n'en connaissons qu'un grade intitulé : l'Oracle de Cos.

— Mots sacrés : *Adonaï*.
On répond : *Salomon*.
— Mots de passe : *Eloah*.
On répond : *Stibiam*.

Cos était la capitale d'une île de ce nom, dans les Sporades, près de l'Asie-Mineure, patrie d'Hippocrate, d'Apelles et du poète Philotas. Le célèbre médecin, surnommé le père de la médecine, en l'honneur de qui fut composé ce grade, naquit vers 460 avant notre ère, et mourut dans une vieillesse très avancée.

On trouvera dans le *Tuileur général* les emblèmes de l'*oracle de Cos* et ses deux colonnes.

Société exégétique[28] et philosophique. — Cette société fut fondée à Stockholm (Suède), en 1787, pour l'enseignement secret des doctrines de Swedenborg et de Mesmer. On y enseignait aussi les sciences occultes.

---

[28] Du grec *exêgéomai*, j'explique. Deleuze en parle (*Hist. Crit.*, t. II, p. 295).

# CHAPITRE VII :

## Maçonnerie mesmérienne ou rite de l'harmonie universelle

On a reconnu, dans la nature, un agent ou fluide universel occulte, impondérable, gouvernant et modifiant tous les êtres, et qui, spécialisé dans l'organisme humain, a reçu le nom de MAGNÉTISME ANIMAL ; c'est une force vitale que toute organisation possède et peut émettre.

Cet agent essentiellement communicable, au gré de la volonté, fait subir aux corps vivants qui s'en pénètrent des transformations infiniment remarquables et, la plupart du temps, bienfaisantes par ses propriétés éminemment eurallyes et toujours sédatives.

Mesmer[29] le découvrit à Vienne vers 1772, et proclama l'existence d'un fluide universel, capable de se dégager, de se transmettre et de devenir un moyen de guérison dans une foule d'affections diverses ; il le nomma MAGNÉTISME, à cause de son analogie attractive avec l'aimant. Il suit de là, que le magnétisme est, en quelque sorte, la science des attractions. Traité de visionnaire et d'insensé, il vint à Paris en 1778 et y opéra des cures merveilleuses, qui excitèrent vivement la curiosité publique. En 1784, le gouvernement nomma une commission de savants pour examiner les moyens qu'employait Mesmer et constater les résultats obtenus ; mais le rapport ne fut pas favorable, malgré les efforts du célèbre de Jussieu à soutenir l'existence des effets merveilleux du fluide magnétique, reconnu publiquement par le savant de Puységur[30] et par le docteur Cloquet[31].

Mesmer institua, à Paris, en 1782, le rite de l'Harmonie universelle[32], basée

---

[29] François-Antoine Mesmer est né à Weil, grand-duché de Bade, en 1734. Il alla de Paris en Angleterre et vint mourir à Mersbourg, en 1815. Célèbre d'abord, presque oublié ensuite, son nom reparaît aujourd'hui plus brillant et avec justice. Ses écrits sont : *Mémoire sur la découverte du magnétisme animal* ; *Précis historique des faits relatifs au magnétisme.* Mesmerismus, 2 vol. in-8°.

[30] Il est auteur de : *Magnétisme animal*, 1807, 1809, in-8° ; *Recherches, expériences et observations physiques sur l'homme dans l'état du somnambulisme provoqué par l'action magnétique*, 1811, in-8°.

[31] Le magnétisme, malgré l'évidence, fut traité d'imposture et de jonglerie par la Faculté ; puis survint la révolution de 1789, qui fit entièrement perdre de vue le magnétisme et le somnambulisme.

[32] Voir le Tuileur de ce grade où se trouvent les caractères employés dans la théorie du monde de Mesmer.

sur le magnétisme animal. On croyait alors, et avec raison, qu'aucune doctrine capable de frapper les esprits par quelque circonstance mystérieuse ne devait être étrangère à la Franc-maçonnerie.

En effet, si le maçon, digne du beau titre de père de famille, doit, pour le mériter, être à la fois, dans sa maison, le législateur, le prêtre et le médecin, ses connaissances médicales, inappuyées par l'observation et l'expérience, ne peuvent être que très incomplètes ; qu'il devienne magnétiseur, et l'art de guérir, en beaucoup de cas, devient chez lui un fait utile à tous.

Ainsi, dans les hauts grades, si les rose-croix actuels, au lieu de jouer au sacrilège, et les chevaliers kadoschs, à la philosophie, sous un voile templier anti-maçonnique, s'occupaient sérieusement et religieusement d'étudier et d'apprendre à appliquer une science destinée au bien-être du genre humain, ce serait plus digne de ces maçons qui n'en sont encore qu'à demi les bienfaiteurs. Mais cette science ne devrait être communiquée, dans le premier degré des grands mystères, qu'aux frères dévoués à l'humanité et dont le moral et la discrétion auraient été éprouvés et reconnus dans les trois grades symboliques, scrupuleusement donnés [33].

Ces considérations nous portent à entrer dans quelques détails sur le magnétisme et le somnambulisme, dans le but d'intéresser et d'éclairer une grande partie de nos frères, étrangers, malheureusement, aux notions magnétiques.

Un franc-maçon ne doit pas ignorer que les anciens sages, après avoir étudié les phénomènes de la nature et les lois de toutes les créations, ont cru apercevoir l'existence de deux mondes : le monde matériel et visible, et un monde incorporel et occulte ; l'un borné dans ses effets, et dont les causes apparentes et manifestes à ses yeux pouvaient s'expliquer ; l'autre, infini dans son essence, incommensurable dans sa puissance et dont les causes souvent impénétrables restaient, pour eux, enveloppées d'un mystère dont ils ne pouvaient qu'à de longs intervalles sonder la profondeur. Ils cherchaient un *critérium* commun, absolu, auquel, on puisse rapporter ces deux ordres de phénomènes, pour expliquer la plus grande partie des prodiges et des opérations qui semblent surnaturelles. Nous verrons plus loin que ces deux mondes n'en sont qu'un ; et nous espérons que le magnétisme mènera à la découverte de ce *critérium* absolu [34].

---

[33] Dans l'antiquité, les choses sacrées n'étaient dévoilées qu'après des épreuves sérieuses et l'initiation aux mystères de la science ; il doit en être du magnétisme et du somnambulisme comme de la médecine : la connaissance et la pratique n'en doivent être confiées qu'à des hommes initiés dans une école spéciale ayant pour but l'art de guérir.

[34] *Critérium*, marque de la vérité. — Absolu, indépendant. — L'absolu est l'opposé de relatif ; c'est l'essence des choses considérée en elle-même, indépendamment de tout rapport. — L'absolu, c'est Dieu.

# CHAPITRE VIII :
## Du magnétisme

**Tout est possible en magnétisme**

Le magnétisme, pratiqué dans l'antiquité par les gymnosophistes de l'Inde, par les mages de la Perse et par les initiés aux grands mystères, paraît ne l'avoir été que sous le rapport iatrique (médical) et sous d'autres noms [35].

Il est redevenu, depuis Mesmer, une chose neuve, belle, extraordinaire, digne du plus haut intérêt et de l'étude sérieuse du philosophe et du maçon [36]. Nous ne croyons pas exagérer en disant qu'au point, quoique imparfait encore, auquel est parvenue la science magnétique, elle est la voie qui ouvre un vaste avenir au monde de la vérité et de la lumière. Elle illumine, elle éclaire ses adeptes et, seule, elle peut les fixer dans la croyance du vrai, et résoudre, plus tard, le grand problème de l'absolu.

Elle a pour appui la substance universelle, dans laquelle tout est dévoilé pour le voyant (l'omnivoyant). Dans son état magnétique, il y a une absence complète de toute distraction, une suspension entière du commerce de l'âme avec le corps, et, pendant son union intime avec l'âme universelle, la nature n'a plus de secrets pour elle. Le pas qu'il reste à faire est immense, sans doute, mais les effets prodigieux, recueillis des études faites, ne laissent pas le résultat douteux, résultat dans lequel l'homme pourra trouver jusqu'à l'accomplissement de sa destinée, si incomprise jusqu'à présent.

Cet agent physique ou fluide magnétique est le fluide vital ou nerveux qui, émané de l'homme, participe de sa chaleur, du principe de sa vitalité et de son intelligence.

Magnétiser ou faire usage de son fluide magnétique, c'est disposer de son existence, de son principe vital, de sa vie, pour ajouter, momentanément, à l'existence d'autrui. Le docteur Chardel a dit, avec raison, que « le fluide magnétique vital est chez l'homme cette dernière modification de la lumière nommée la vie

---

[35] Les augures, les oracles, les rêves prophétiques des temples, les impositions de mains des prêtres, n'étaient pas autre chose.
[36] La plupart des initiés au grand-œuvre en avaient des notions plus ou moins exactes : Cardan en parle mystérieusement dans son 8ᵉ livre *De mirabilibus*. Swedenborg en a aussi fait mention.

spiritualisée. Elle sert d'agent à l'âme pour l'exécution de tous ses actes. L'impulsion que nous lui donnons, dans nos mouvements, s'arrête aux limites de l'organisation, tandis qu'en magnétisant, la volonté la projette au dehors. Voilà, quant à l'emploi de la vie, la première différence qui existe entre magnétiser et agir [37]. »

Magnétiser quelqu'un, c'est donc déployer, étendre et augmenter chez lui ce principe de vitalité et d'intelligence dont il est déjà pourvu.

Toute chaleur vient du soleil qui en imprègne tous les corps. Nous puisons la nôtre dans l'atmosphère où elle est en principe. Toute chaleur qui se dégage d'un corps ou d'un fluide porte en elle un principe et un arôme qui lui sont propres. Ainsi, notre sang, pourvu dans sa circulation, d'une chaleur normale et d'un arôme très fort, peut, par nos mouvements, les projeter hors de nous [38], et, par notre volonté, pénétrer les corps et les individus sur lesquels notre intention les dirige. L'individu, ainsi imprégné, a une vitalité et une intelligence en plus, que dirige le magnétiseur, sous l'influence duquel il se trouve, et dont la volonté, ce levier le plus grand que l'homme ait à sa disposition, est peut-être, elle-même, à l'état de fluide [39].

Pour bien agir magnétiquement, il faut avoir force, énergie, volonté, et employer beaucoup de douceur et de bienveillance envers le magnétisé, qu'on sature de son arôme fluidique et calorique, dont, par sa radiation, l'atmosphère même s'aromatise.

Dès que les molécules organiques et intentionnelles, échappées du magnétiseur, s'immiscent dans le sujet, s'il est convenable et disposé, il s'établit entre eux un rapport intime, mystérieux, et les phénomènes qu'on attend ne tardent pas à se manifester, non seulement sur l'organe actionné, mais sur toute l'organisation, et l'union fluidique est telle que le sujet éprouve dans la même partie du corps la douleur que peut ressentir le magnétiseur ou la personne avec laquelle il est mis en rapport.

---

[37] *Essai de psychologie physiologique*, p. 205, 1831.
[38] La substance fluidique et calorique, qui émane des corps, pénètre le sol et permet au chien de saisir, en son arôme, la trace de son maître, et la piste du gibier. La plasticité de cette substance permet aux voyants de suivre la ligne typique d'un fugitif, tant que l'élasticité de son fluide n'aura pas, à la longue, été détruite par l'action variable de l'air, pour s'universaliser dans le grand tout. Et puisque l'élasticité si subtile du fluide lumineux peut être saisie et fixée par le daguerréotype, à plus forte raison nos émanations fluido-plastiques doivent-elles être saisies et reconnues par le double sens de l'odorat et de la vue, toujours si développé chez les voyants.
[39] « Le fluide nerveux, formé de notre sang, se spiritualise en venant se localiser dans le cerveau, d'où il s'échappe à l'état d'émanation éthérée, pour se mêler de nouveau à la substance universelle. » (J.-A. Gentil).

Le magnétisme est un art qui, pour le bonheur de l'humanité, sera bientôt généralement pratiqué; c'est une œuvre de charité, mais c'est aussi une œuvre de patience et de dévouement.

Les effets magnétiques sont certains et toujours les mêmes, parce que la substance universelle est invariable. Ils s'exercent sur les animaux endormis ou éveillés, et même sur les objets inanimés.

Les conducteurs ordinaires de l'émission magnétique dans le travail médicateur sont les mains et le regard, la voix et le souffle.

Les gestes connus se nomment passes et durent dix à quinze minutes pour faire entrer le sujet en somnambulisme [40]. Le fluide se dirige et descend en suivant les cordons nerveux jusqu'à l'extrémité des doigts, et franchit cette limite pour frapper et pénétrer les corps sur lesquels la volonté la dirige. « L'être qui se trouve dans cet état acquiert une extension prodigieuse dans la faculté de sentir : plusieurs de ses organes extérieurs, ordinairement ceux de la vue et de l'ouïe, sont assoupis, et toutes les opérations qui en dépendent s'opèrent intérieurement… » (docteur Husson).

Quand le somnambulisme naît de la magnétisation, de simple qu'il était, le magnétisme devient composé.

La pensée, quoique inédite, conçue dans le cerveau, devant un voyant, s'y daguerréotype de manière à devenir lisible pour lui. Le magnétiseur lit-il une lettre, un journal dans une chambre voisine? le voyant répète le contenu qu'il voit clairement dans le cerveau du magnétiseur; ce qui lui paraît même plus facile (moins fatigant) que de lire à distance (V. Magisme).

L'insouciante insensibilité des prisonniers indiens, acclamant leurs chant de guerre et de mort au milieu des tortures; celle des martyrs de tous les temps, sont le résultat de l'extase causée en eux par une réaction magnétique.

L'homme, par l'énergie de sa virtualité personnelle, a une certaine puissance de modifier bien des choses et leurs circonstances. En effet, grandi par l'enthousiasme d'une passion puissamment surexcitée, il entraîne et domine tout ce qui l'entoure et change, par conséquent, les conditions et les rapports habituels de la vie, et sa puissance de volonté, portée à sa plus haute énergie occasionne des phénomènes inexplicables. Cette volonté existe dans la cause première; de là, le principe de tous les phénomènes : fréquentez des hommes tristes, gais, spirituels ou violents, vous vous trouverez porté à la mélancolie, à la gaieté, à l'esprit ou à la violence. Les intimes qui fréquentaient habituellement Socrate participaient de

---

[40] Mesmer a substitué, avec avantage, les *passes* aux impositions des mains.

ses facultés intellectuelles, qui les abandonnaient quelques semaines après qu'ils en étaient séparés.

Il y a beaucoup de choses du domaine des sens qui surpassent encore les limites de la science.

Les expérimentateurs, jusqu'à ce jour, ne sont arrivés à aucun résultat complet ; et les professeurs, dans leurs chaires privilégiées, ont tous été impuissants, à découvrir la vérité des faits, parce que leurs études ne les ont pas conduits à apprécier l'effet magnétique si puissant, qui émane non seulement du magnétisme terrestre, alimenté par l'action solaire, mais encore, et plus puissamment est peut-être, par le magnétisme astral qui inonde notre atmosphère et pénètre tout ce qui a vie et action.

Que les savants daignent étudier cette idée et s'y soumettre. Ils ne pourront marcher que de découverte en découverte pour le bien de l'humanité et pour leur gloire personnelle.

### De l'électricité magnétique

On prétend aujourd'hui, comme étant constaté par l'expérience, que le magnétisme et l'électricité sont une seule et même chose. Pour le voyant, la couleur du fluide magnétique est celle de l'étincelle électrique.

Cependant, M. le comte de Szapary, dans sa *Magnétothérapie*, établit une différence.

Il considère l'homme comme une machine électro-magnétique : l'électricité coule dans le sang, le magnétisme dans les nerfs, c'est le fluide nerveux. Toutes les fonctions du corps et de l'âme s'opèrent par le magnétisme ; toutes les désorganisations par l'électricité. En renonçant à la théorie du fluide magnétique dans les nerfs et à celle des courants électriques dans le sang et les organes, on ne se rend plus compte, dit-il, du mécanisme des fonctions de la machine humaine et de ses ordres. Selon cet auteur, les maladies proviennent d'une lutte de l'électricité surabondante avec la force magnétique ou de celle-ci avec l'électricité. Les personnes chez lesquelles le magnétisme prédomine éprouvent des frissons ; elles sont difficiles à échauffer ; et c'est avec peine qu'on amène un refroidissement chez les personnes dominées par trop d'électricité.

Le principal courant magnétique coule du cerveau au creux de l'estomac (plexus solaire) : et de là au cerveau ; le premier courant a lieu dans le jour, par le mouvement que se donne le corps, et le second la nuit, par le rêve. L'estomac et le cerveau sont dans un rapport continuellement soutenu l'un par l'autre. C'est pour cela que si l'on éprouve une impression trop vive, par exemple, une frayeur subite, on se touche involontairement la tête et l'estomac, pour y ramener le fluide retiré trop vite. Ce mouvement oscillatoire est le magnétisme de l'homme, qui a ses pôles d'affinité dans son semblable. L'infatigabilité du corps vient de l'activité spirituelle qui fait remonter le fluide magnétique à sa source.

La force magnétique vient du soleil, elle pénètre la terre et en ressort, et de cette rencontre ou frottement de sa propre force avec elle-même naît la chaleur. De l'absorption et de cette émission de la terre résultent la décomposition chimique et l'accroissement des corps qui s'y trouvent ; de la chaleur physique résulte la végétation.

La lune a une influence électrique, destructive, putréfiante. Elle diminue la force magnétique du soleil, cause le demi-sommeil chez les somnambules, inquiète et trouble les malades. Le choléra, la peste, le typhus, sont des maladies électriques.

L'homme ne fortifie pas sa vigueur magnétique par le contact avec la terre, puisqu'elle attire la force magnétique du soleil ; elle lui prend sa vigueur superflue, c'est pourquoi les enfants vifs et pétulants, aiment à se rouler par terre.

VEILLE ET SOMMEIL. — Les révélations extérieures de la vie sont autres dans le sommeil que dans la veille : dans le premier cas, la polarité (propriété de l'aimant de se diriger vers les pôles) change de place et pendant que les sens de l'extérieur se reposent, ceux de l'intérieur se réveillent (l'âme songe) ; de ce changement de repos et d'activité viennent, pour le corps, le rafraîchissement et la force.

Nous considérons le livre de M. le comte de Szapary comme un des ouvrages les plus complets sur la science magnétique : c'est un manuel raisonné, pleins de faits et indispensable à tout magnétiseur.

On sait que ce groupe d'étincelles électriques, qui s'échappe en aigrette lumineuse d'une pile voltaïque possède une influence salutaire sur un grand nombre de maladies nerveuses désespérées.

M. Théodore Courant, disciple de Beickensteiner, auteur des *Études sur l'électricité médicale chez les anciens*, emploie, avec succès, pour la science magnétique qu'il perfectionne, et avec bonheur, pour les affligés qu'il soulage, ou guérit, l'électricité magnétique. Sa manière d'opérer est fort simple.

Il place le malade sur le tabouret d'une machine électrique. Il se pose dans la sphère d'action pour s'emparer du fluide électrique, l'approprier à l'organisme humain, le vitaliser et, centuplant ainsi, ses forces magnétiques, il acquiert un pouvoir assez grand pour rétablir, d'une manière presque immédiate, chez le sujet sur lequel il opère ; la circulation des fluides dont la perturbation occasionne la plupart des maladies et quelquefois la mort; dans ce cas, un magnétiseur peut arracher au trépas un individu qui, dans les mains impuissantes du meilleur médecin de la faculté, succomberait infailliblement.

L'effet le plus constant de l'électricité magnétique est de rétablir cette circulation et d'en augmenter l'énergie par l'émission d'un fluide vivifiant. On rendrait au vieillard, qui s'éteint, la sève et la vigueur, si les fluides vitaux recouvraient chez lui, l'énergie qui, dans sa jeunesse, activait la circulation générale. La science, pourra, peut-être, y suppléer en partie; tout n'est pas découvert le magnétisme n'est encore qu'à l'état de lueur.

## Aphorismes mesmériens

« *L'immatériel n'existe pas* : la lumière, l'âme universelle sont des fluides incorporels, mais essentiellement matériels; car tout ce qui est est quelque chose, puisque sur la feuille métallique du daguerréotype, les images que l'on y fixe produisent invariablement quelque chose.

« La substance universelle est une; elle est tout à la fois, lumière, chaleur, intelligence.

« Il n'y a point d'espace sans corps.

« Le froid n'est pas : c'est la chaleur en moins.

« L'opacité des corps n'est pas. (Pour le voyant la lumière est partout.)

« L'immensité est sans distance.

« Pour l'éternité, le temps n'est pas.

« Parlant du soleil : tout par lui, rien sans lui.

« Dieu est la substance universelle, il est lumière, chaleur, intelligence.

Mais le soleil est l'auteur de la substance universelle, et cependant il n'est point Dieu; serait-il la résidence d'où Dieu anime l'univers?

N'osant pas écrire que Dieu est tout et que tout est Dieu ou tous dans un et un dans tous, dans la crainte de passer pour panthéistes ou pour matérialistes, quoiqu'ils reconnaissent, comme Agrippa, que l'immatériel n'existe pas, les auteurs magnétistes disent que Dieu, qu'ils considèrent comme la substance universelle, l'âme du monde, est omniprésent, omniscient, omnipuissant; mais omnipuissant jusqu'à la limite du néant; car Dieu peut tout, hormis le néant, qui est le non-être; le non-être autour de Dieu impliquerait nécessairement la déchéance de ses qualités d'omniprésent, d'omniscient, d'omnipuissant, et Dieu ne peut s'abstraire.

Dieu ne peut faire le néant, Dieu ne peut cesser d'être, deux barrières élevées contre sa toute-puissance. L'homme peut, en quelque sorte, franchir cette dernière barrière ; car il peut se détruire, cesser d'être homme ; il devient quelque chose, mais il n'est plus homme.

Le néant ne peut donc avoir lieu tant que Dieu sera. Dieu ne peut le faire. Le néant limiterait son infini, Dieu deviendrait fini : il ne serait plus Dieu, ce qui ne peut pas être ; car rien, dans l'univers, ne se renouvellerait plus.

Donc, Dieu ne peut faire ni souffrir le néant, parce que Dieu ne peut cesser d'être. Il est tout, il est la toute-puissance, l'intelligence universelle qui crée, anime tout. L'univers visible, dont il est le génie conducteur et conservateur, est Dieu manifesté [41].

---

[41] « La nature, renfermant les germes de toutes les possibilités, serait toute puissante, si elle était force motrice intelligente ; mais, comme elle n'est qu'un groupe d'êtres, un code de lois, une bibliothèque de sciences, un magasin de moyens, on peut dire que la toute puissance ne lui appartient pas, parce qu'elle ne peut exister qu'au nombre des propriétés d'un esprit. « Si l'on entend par nature l'être unique dont l'univers est le corps, et Dieu le génie conducteur, alors, sous ce point de vue, on peut assurer qu'elle est toute puissante ; mais il faut lui adjoindre le titre ou la qualité de créatrice, indiquant la vie et l'exercice d'une force propre à l'être agissant. La nature, ainsi présentée, doit nécessairement paraître animée par une intelligence qui fait corps avec elle ; alors, elle a la toute-puissance, c'est-à-dire la force par laquelle elle peut donner l'être à toutes les choses dont l'existence n'est point absurde ou ne suppose point une contradiction. » Le matérialisme n'est pas l'athéisme. Nous avons parlé de matérialistes ; à ce sujet, combattons une erreur accréditée par la mauvaise foi. Le matérialisme est très improprement appelé athéisme. L'athéisme n'est pas concevable : être athée serait supposer des effets sans cause, puisque c'est la cause de tout ce qui existe qu'on désigne par le mot Dieu (qui est la cause inconnue des effets connus). Or, une pareille supposition est absurde et n'a jamais été admise par qui que ce soit, excepté par l'ignorance ou la mauvaise foi. Il ne peut donc pas exister d'athée, malgré le dictionnaire de Sylvain Maréchal et l'opinion d'autres auteurs qui forcent à déplorer ces égarements de l'esprit humain. La seule division qui existe, parmi les hommes de bonne foi, est dans la question de savoir si la cause de toute existence est spirituelle ou matérielle, c'est-à-dire isolée, indépendante de la matière, ou bien inhérente à la matière et en faisant partie intégrante. Mais un matérialiste n'est point un athée.

## CHAPITRE IX :

### Du somnambulisme

*Ceux qui ne voient qu'avec les yeux de la chair sont bien près d'être aveugles.*

Claudia Bachi

Le somnambulisme est produit ou par des dispositions naturelles, ou, chez les malades, pendant l'action magnétique; il cesse alors après la magnétisation. Dans cet état, le malade a particulièrement un tact assez subtil pour voir, comprendre et indiquer ce qui peut lui être salutaire et aux autres.

Le somnambulisme est un mixte état entre le sommeil et la veille ; nous en distinguerons deux espèces, le naturel ou spontané, et l'artificiel ou magnétique[42].

Le premier exprime l'état d'un sujet qui se lève spontanément, pendant la nuit, marche et exécute certaines actions; c'est le *noctisurgium* des Romains, qu'il eût été mieux de traduire par *noctambulisme*.

Le second est l'état provoqué chez un sujet par la volonté ou les procédés de celui qui magnétise, ou par le sujet agissant sur lui-même ou recevant une impression d'un corps magnétique; c'est le *somnus medicus* des Romains. Mais comme dans ce sommeil il n'est plus question de marcher, mais de guérir, l'expression *somniatricisme* aurait pu convenir.

Il est des individus qui, éveillés et tombant en extase, sont doués de la puissance de s'absorber (après absorption, il y a nutrition magnétique) et de projeter

---

[42] La science compte quatre sortes de somnambulismes: le naturel, le symptomatique, le magnétique et l'extatique. Le somnambulisme naturel et le somnambulisme symptomatique sont deux états essentiellement différents, en ce que l'un n'a lieu que la nuit; l'autre, le jour comme la nuit, et que les actions du sujet ne sont pas les mêmes. Le somnambulisme magnétique et le somnambulisme extatique diffèrent en ce que l'un est commandé et l'autre ne l'est pas; le premier est artificiel et l'autre naturel; dans le premier le sujet est dépendant; dans le second, il s'appartient; voilà pourquoi le somnambulisme artificiel guérit le naturel quand il y est substitué. On voit que le magnétisme et le somnambulisme, dans l'état où ils se trouvent, sont deux choses très distinctes.

leur vue dans l'espace : ce sont les meilleurs voyants pour connaître le passé, le présent et même l'avenir ; des milliers de faits l'attestent[43]. Ces individus ainsi magnétisés, et à leur insu, doivent tenir principalement cette faculté du magnétisme terrestre avec lequel leur nature se trouve en rapport.

Ce qu'il y a de remarquable, c'est que, dans leurs débuts, des voyants, les plus lucides et les plus étonnants dans leurs extases, ne croient point au somnambulisme et n'ajoutent aucune foi aux faits extraordinaires qu'ils ont dévoilés avec la plus grande exactitude, ils ignorent leur puissance magnétique. Nous connaissons une personne qui prétend puiser dans l'atmosphère l'élément de ces prévisions toujours justifiées et qui, pour elle, s'y trouvent tracées. Elle aussi fut longtemps sans croire à sa puissance.

Un somnambule lucide, un voyant, ne ressemble pas plus à un être endormi qu'un homme actif qui est en état de veille. Sa matière s'engourdit, mais son intelligence s'expand au dehors, il vit dans l'éther, cet esprit de vie éternelle ; son âme, presque fluidifiée à l'unisson de l'élasticité de la substance universelle, âme du monde, *feu vivant* et régénérateur, dont elle émane, reçoit des perceptions infinies. Il embrasse tout, il jouit extatiquement, il est heureux, et se plaît dans cet état : la nature et toutes ses merveilles lui sont dévoilées à toute distance.

Tous les corps se meuvent au sein de la lumière que radie le soleil. Toute lumière dégage infailliblement de la chaleur à laquelle sont perméables tous les corps et tous les fluides, il en résulte que les rayons solaires, lumineux et caloriques à la fois, pénètrent, transpercent tous les corps qui, extérieurement et intérieurement, demeurent éclairés par la lumière, qui se dégage de leur chaleur relative, suivant leur nature et leur porosité. De là, deux sortes de lumière : la lumière apparente à notre vue et celle qui est invisible à nos organes, quand le soleil, source de la vie, nous est caché. La chaleur étant inhérente à la lumière, comme la lumière l'est à la chaleur, tous les corps pénétrés de la chaleur solaire sont donc éclairés par une lumière phosphorescente qui se dégage de la chaleur des corps et qui, dans l'obscurité, guide et éclaire certains animaux, tels que la taupe, le hibou, etc.

Cette continuité de lumière *invisible* que parcourt la perception du voyant, avec plus de rapidité que ne peut faire l'étincelle électrique censée glisser sur son

---

[43] Nous citerons celui-ci : « Une épileptique dit un jour, en somnambulisme, au docteur Londe, que dans quinze jours il aurait une affaire d'honneur et qu'il serait blessé. Celui-ci tire son agenda et y consigne cette prédiction. Au bout de la quinzaine, il a une discussion avec un de ses confrères. Il se bat en duel, reçoit un coup d'épée ; et pendant qu'on le ramène chez lui en voiture, il tire son agenda et fait lire à son heureux adversaire la prédiction qui lui avait été faite » (Maille, *Exposé des cures opérées par le magnétisme*, t. I, p. 258).

fil de fer, fait que, pour lui, les corps ont perdu leur opacité. Tout individu peut être magnétiseur, mais tout individu n'est pas somnambule.

Dans l'antiquité, le somnambulisme s'appelait *prophétie*.

### De l'âme universelle ou l'animation

L'âme universelle, source de la vie de tous les êtres et l'animation des trois règnes et des mondes, est, selon les physiciens hermétistes, lumière, chaleur, électricité, magnétisme terrestre et astral, intelligence et mouvement, tous effets suprêmes soumis à une même cause.

Le frottement, d'où vient la découverte du fluide électrique, produit, en même temps, l'électricité et la chaleur, et, à son point extérieur, la lumière, trois effets qui ont une nature commune, puisqu'une même cause les engendre.

DÉDUCTIONS. — L'âme universelle étant lumière elle est intelligente; étant, par son universalité, sans solution de continuité, elle est omnivoyante, omnisciente. Comme toute lumière a sa chaleur relative et que toute chaleur, par son mouvement incessant, exerce dans les corps une action pénétrative, la lumière est omniprésente. Enfin, comme par sa concrétion sous divers aspects et sa déconcrétion alternative et perpétuelle, elle produit et renouvelle tout, la lumière est omnipotente. D'où il résulte que l'*âme* (substance) *universelle* est tout, est partout, qu'elle voit tout, sait tout et produit tout. Alors, étant lumière, intelligence, chaleur et mouvement, elle réunit tous les attributs de Dieu.

L'intelligence ou la spiritualisation décorée du nom d'âme, la sensibilité ou le sentiment sont produits par l'action constante du fluide universel élaboré par l'encéphale (le cerveau), dont les différences d'organisation causent les différences intellectuelles.

### Du monde occulte (invisible)

Cette vue extraordinaire du somnambule voyant ne doit pas faire croire à l'existence réelle de deux mondes, ainsi que le pense le crédule vulgaire. Il ne peut y avoir qu'un monde, celui où nous vivons et que nous sommes encore loin de bien connaître. L'air, les odeurs, les fluides, les influences terrestres, atmosphériques, etc., sont invisibles; ils appartiennent à notre monde, et sont impropres à en former un second.

L'*âme du monde*, incréée, universelle, génératrice, dont tous les corps sont pénétrés et dont notre animation fait partie sous le nom d'*âme humaine,* ne forme point un second monde. Elle est invisible, incorporelle, mais non immatérielle, selon les auteurs magnétistes.

L'*âme*, dans l'état d'extase soit naturelle ou causée par l'addition d'un fluide analogue à sa nature dirigé par un magnétiseur, s'accumule dans le réservoir cérébral aux dépens des autres parties du corps, privées non de vie, mais de sensations. L'âme, n'existant plus que dans le cerveau, peut mettre en fonctions toutes les Facultés cérébrales, sans l'emploi des organes ordinaires et matériels. Cette âme, ainsi dégagée, entre en communication immédiate, puisqu'elle en fait partie, avec l'âme universelle; comme celle-ci pénètre tous les corps, l'âme humaine y pénètre aussi, elle voit et en rend compte. Et comme l'âme universelle forme un tout sans interruption, il est facile à l'âme humaine de voir également partout et à des distances considérables. Mais toutes ces choses, quelque extraordinaires qu'elles soient, ne constituent pas un nouveau monde, un second monde.

Les objets visibles qui composent notre monde sont autant de parties concréfiées par absorption et assimilation de la substance universelle dont ils sont alors la manifestation. Après leur déconcrétion par émanation et décomposition, ils se fluidifient, s'éthérisent et s'universalisent. Ainsi rendus au grand tout, toute manifestation est disparue; ils sont devenus invisibles. D'où il résulte que les deux mondes n'en sont qu'un, puisque c'est toujours la substance universelle avec ou sans manifestation, c'est-à-dire la substance fluide matérialisée ou la substance matérielle fluidifiée.

# CHAPITRE X :

## DE LA THAUMATURGIE[44]

Le magnétisme, développé par la science et par la connaissance du monde occulte, s'appelait THAUMATURGIE. Un thaumaturge, aux yeux du vulgaire, était un faiseur de miracles. L'ignorance a fait prendre, depuis, ces dénominations en mauvaise part. Les sciences qui suivent sont du domaine de la thaumaturgie.

### Des prophéties[45]

> « *La main du Seigneur fut sur lui et il prophétisa.* »
> (LA BIBLE)

Des esprits progressistes, habitués à la contemplation des phénomènes astrals et terrestres, régénérés dans une méditation profonde et incessante, exaltés, dans le silence de la retraite et dans le recueillement de l'étude, par l'austérité d'une vie toute d'application et par une contention violente de l'âme, éprouvaient de longues extases pendant lesquelles leur vue intellectuelle, franchissant les intervalles, les espaces et même les obstacles placés entre eux et la réalité, plongeait dans l'avenir. Elle y lisait les destinées immuables des empires et des nations et leur bouche les proclamait avec l'accent sublime de l'inspiration, sans qu'ils comprissent la chaîne dont elles dérivent.

Le collège des grandes initiations était, dans l'antiquité, une école de *prophétie*.

---

[44] Fait des mots grecs : *thauma*, merveille, *ergon*, ouvrage : science merveilleuse.
[45] Formé de *pro*, auparavant, pour, et de *phémi*, dire : prédiction des choses futures, ou parlant pour… c'est dans ce dernier sens que le mot de chaque prophète indique l'objet qu'il traite, ou explique le titre de son ouvrage : Isaïe signifie la *médecine des philosophes*. (C'est lui qui a dit, chapitre 46 : Vous commandez à un ouvrier de vous faire des dieux ; vous les achetez à prix d'or, et vous les adorez. »). Jérémie signifie la *moelle de l'émission sacrée*. Daniel, cinquième fils de Jacob, signifie l'*esprit de Dieu*. Ils ont revoilé ce qui était déjà voilé dans le *Pentateuque*.

## De la divination

> « *Rien d'important n'est arrivé dans ce monde,
> sans avoir été prédit.* »
>
> Machiavel

La divination (de *divinare*, deviner) est la science de l'avenir.

Selon l'opinion des mystiques, tous les êtres, depuis Dieu jusqu'à l'atome, ont un nombre particulier qui les distingue et qui devient la source de leurs propriétés, ainsi que de leur destin. Le hasard, suivant Corneille Agrippa, n'est, au fond, qu'une progression inconnue, et le temps, qu'une succession de nombres. Or, l'avenir étant un composé du hasard et du temps, ils doivent servir aux calculs cabalistiques pour trouver la fin d'un événement ou l'avenir d'une destinée.

Beaucoup ont pensé que Pythagore fut ainsi nommé parce que, dans les prédictions de l'avenir, il donnait des réponses non moins certaines et véritables que celles d'Apollon pythien. Son nom dériverait de *puthon*, devin, et d'*agoras*.

Il découvrit et enseigna la puissance des nombres qui, dans son système, résolvait le problème de la cosmogonie. Il y a, disait-il, une liaison entre les dieux et les nombres qui constitue l'espèce de divination appelée arithmancie ou arithmomancie. L'âme est un monde, elle se meut d'elle-même ; l'âme renferme en elle le nombre quaternaire. »

Sa science des nombres était, basée sur les calculs cabalistiques. L'astronomie qu'il enseignait mystérieusement, c'était l'astrologie ; mais, sa science la plus secrète était l'alchimie.

Les Grecs, comme les Égyptiens, avaient partagé la divination en artificielle (par les augures et les aruspices) et en naturelle (par les songes [46] et les oracles [47]).

---

[46] DES SONGES

« Les songes indiquent quelquefois à l'avance les maladies du corps. »
Hippocrate.

« Les songes étant un résultat, une affection commune de l'âme et du corps, chacun, généralement parlant, pouvait avoir des songes ; mais de même que l'intelligence est l'apanage de l'humanité, et que certains hommes avec peu d'esprit, sont mieux partagés du côté du corps, il y en avait aussi que leur tempérament portait à avoir souvent des songes et d'autres qui n'en avaient pas.

« L'action de songer ayant ordinairement pour causes, la maladie, le chagrin, une inquiétude profonde ou une secousse violente de l'esprit, et beaucoup d'hommes étant en repos de l'esprit et du corps, il était impossible de compter sur un songe personnel ; de là, nécessité de consulter ceux qui avaient la faculté de voir, en songe, les affections des autres.

« L'expérience ayant appris que le songe pouvait être sollicité, amené par des frictions, des attouchements, des préparations, etc., le songe naturel ne fut plus le seul et tous les songes utiles étaient regardés comme un présent de la divinité ; on allait dans les temples, au pied de ses autels, demander à songer ; puis, enfin ; pour ceux qui ne pouvaient pas y parvenir, il y eut des prêtres songeurs (qui entraient en rapport magnétique avec eux). De là, trois espèces de songes : 1° songes naturels ; 2° songes demandés et obtenus dans les temples ; 3° conseils reçus de prêtres songeurs, appelés, par cette raison, oracles en songe. »

On sait que Socrate eut un songe dans sa prison, trois jours avant sa mort ; que l'Arcadien de Mégare était couché chez un de ses amis, quand il songea à son ami couché et assassiné dans une hôtellerie ; que Quintus était chez lui, en Asie, quand il vit, en dormant, Cicéron qui tombait dans un fleuve ; et que Cicéron lui-même était à sa maison d'Atina, lorsqu'il fut informé par un songe de ce qui se passait à Rome à son sujet. — Ajoutons que, naguère encore, les guerriers, de l'Amérique méridionale, n'auraient pas osé livrer une bataille décisive sans avoir consulté les songes d'hommes accrédités.

Il faut distinguer le songe du rêve : le songe est une vision de l'âme pendant le sommeil du corps ; le rêve n'est ordinairement, dans le cerveau, qu'un rappel incohérent d'un travail fait dans l'état de veille. Un songeur était chez les anciens un homme-vénéré, un rêveur ne le fut jamais.

Dans les tempes d'Esculape, sous les vestibules, on trouvait les statues des Songes et du Sommeil (Pausanias, livre II, chap. x).

[47] DES ORACLES

Les *oracles* datent de la plus haute antiquité, tant il est vrai que les hommes ont, de tout temps, été tourmentés par le besoin de connaître l'avenir. Ils avaient ordinairement leurs temples ou lieux de prédictions dans des endroits où l'on avait observé (ou établi) des exhalaisons capables de produire l'extase (*ektasis*, délire de l'esprit) chez la personne assise sur le trépied sacré. C'était du magisme magnétique.

L'oracle de Jupiter Ammon, dans la Libye, et celui de Dodone qui, selon Macrobe, existait 1.400 ans avant notre ère, passent pour les plus anciens. Mais Plutarque, qui vivait dans le Ier

Ils appelaient la première *mantiké* (science par les augures et les aruspices), et la seconde *manniké* (science par le délire de l'esprit).

Les Romains ne connaissaient que la divination artificielle : l'augurie et l'aruspicine, qu'ils regardaient comme incertaine ou mensongère ; de là les contradictions étranges de Cicéron dans ses opinions sur cette science et dans son traité *de la Divination* ; cependant, il était du collège des augures et mettait cette dignité au-dessus de toutes celles dont il était revêtu.

---

siècle, avance que l'oracle de Delphes comptait plus de 3.000 ans d'existence. La Pythonisse d'Andore est célèbre chez les Hébreux, par la visite que, d'après le livre premier des Rois (chap XXVIII, v. 8 et suiv.) lui fit le roi Saül, en l'an du monde 2966. La sibylle de Cumes vint à Rome, sous Tarquin, 575 ans avant notre ère. Dans la prose *Dies irae* que les chrétiens du rite latin chantent aux obsèques :

*Solvet seclum in favilla*
*Teste David cum sibylla,*

le témoignage de la sibylle, joint aux prédictions de David, prouve combien longtemps s'est maintenue l'opinion que les événements relatifs au christianisme avaient été prédits par les sibylles.

Il y a eu des oracles :
De Jupiter Olympien, à Agésipolis ;
De Vulcain, à Héliopolis ;
D'Apollon, à Claros et à Delphes ;
De Mars, dans la Thrace ;
De Vénus, à Aphaca ;
D'Esculape, à Epidaure, à Egée et à Rome ;
De Sérapis et d'Isis, en Égypte ;
De Trophonius et d'Amphiaraüs, en Grèce ;
De Mopsus, en Cilicie, etc.
De Colophone, qui se rendait dans une grotte.
La nymphe Égérie passait pour rendre ses oracles dans un bois consacré, voisin de Rome.

DE L'AUGURE (auspice)

L'*augure* est un présage, un signe sur lequel on fonde la divination de l'avenir. Ce nom est aussi celui du prêtre chargé d'observer les présages célestes. Il lisait même l'avenir dans le vol, le chant et l'appétit des oiseaux, d'où ce nom formé d'*avis*, oiseau, et de garrire, chanter. L'Orient est le berceau de la science augurale. — Le mot *auspice*, fait d'*avis*, oiseau, et de *aspicere*, regarder, signifiait aussi augure par le vol, le chant, l'appétit, etc., des oiseaux.

DE L'ARUSPICE

Aruspice était le nom du prêtre qui consultait, à l'autel, les mouvements des victimes et leurs entrailles pour prédire l'avenir. Ce mot est composé de *ara*, autel et d'*inspicio*, j'observe.

Les augures et les aruspices formaient à Rome un corps sacerdotal et, dans l'origine, n'étaient qu'au nombre de trois. Ce nombre, par la suite, s'accrut beaucoup ; ce qui le déconsidéra au point que Caton ne comprenait pas que deux augures pussent se regarder sans rire. Néanmoins, de leurs décisions dépendaient les grands événements politiques. L'histoire, du reste, est remplie de leurs décisions bizarres et des merveilles opérées par leur science, à laquelle la politique des chefs de l'État avait plus de part que l'imagination et la crédulité du peuple.

# CHAPITRE XI :
## DE LA PSYCHOLOGIE[48]

La psychologie ou psycologie est la partie de la philosophie qui traite de l'âme, de ses facultés et de ses opérations. La science psychologique, science de l'âme, est le premier échelon de cette immense échelle qu'il faut apprendre à gravir pour connaître la vérité ; mais, pour y parvenir, il faut être, comme au commencement, était l'homme, en présence de la nature dont il recevait directement les impressions dans la plénitude de leur action. Il faut être entièrement exempt de préjugés scientifiques et religieux. La science, en général, fait abstraction des politiques et des religions, pour être une et universelle.

**De la physiologie**[49]

> « *La philosophie de l'avenir sera la physiologie perfectionnée.* »
> BALZAC

La physiologie est la science des principes de l'économie animale, de l'usage et du jeu des organes. Elle est la science de la vie et de la nature animée. C'est par elle que Lavater et Gall sont parvenus aux découvertes physiognomoniques et phrénologiques. La physiologie végétale est la science des fonctions vitales des végétaux. La physiologie minérale occupe avec succès, en ce moment, quelques savants privilégiés.

**De la physiognomonie**[50]

La physiognomonie apprend à connaître l'intérieur moral de l'homme par son extérieur ; et son caractère, ses inclinations, etc., par l'inspection du visage,

---

[48] Ce mot vient de *psuché*, âme, et de *logos*, traité : science de l'âme.
[49] De *phusis*, nature, et de *logos*, traité, science de la nature.
[50] Ou physiognomie, du grec *phusis*, nature, et de *gnômôn*, indice.

parce que le fluide magnétique, cette vie de la pensée, imprime sur la physionomie les sensations morales qui en caractérisent les traits distinctifs. En effet, dit M. de Ségur, « l'habitude de certaines affections de l'âme donne aux muscles du visage une contraction qui fait lire le caractère sur la figure ».

Le talent ou l'art de distinguer les choses à leur aspect est le fait du physiognomoniste.

On voit souvent que celui qui ne croit pas la physiognomonie, se défie d'un homme ou d'un animal sur sa figure, d'un champignon sur son aspect et d'une plante sur sa couleur.

Lavater, né à Zurich en 1741, est le créateur de cette science curieuse. On a de lui : *Essais physiognomiques*, en 4 vol. in-4°, 1775-1778. Il mourut en 1801 des suites d'une blessure reçue lors de la reprise de Zurich par les Français, en 1799.

## De la chiromancie

La science qui apprend à connaître l'avenir d'une personne, à l'inspection de sa main, se nomme chiromancie (du grec *chéir*, main, et *mantéia*, divination). Main (*manus*) vient du, verbe arabe *mana*, compter ; d'où *manach*, calcul ; *almanach*, le calcul (des jours de l'année d'après les révolutions des astres) ; *méné* (la lune), *mensis* (le mois, mesure de l'année) ; *moneta* (monnaie, pour régler les comptes). Les Grecs appelaient le 5 *pente*, tout (toute la main), cause des cinq doigts, et ils exprimaient ce nombre par la lettre V qui repésente les quatre doigts séparés du pouce.

Quoique la main ne semble pas offrir l'importance du crâne, elle est cependant, comme lui, une sorte de registre où sont tracés les diverses péripéties de la vie. Les lignes nombreuses qui sillonnent sa paume sont autant d'hiéroglyphes qui, joints à sa forme et à celle des doigts, indiquent la destinée humaine et les penchants bons ou vicieux qu'il faut cultiver ou combattre. C'est un livre originel dont la lecture devrait être apprise en même temps que la lecture vulgaire. Plus simple que celle-ci, elle ne lui cède pas en utilité, car elle avertirait l'adolescent sur sa destinée, d'après ses penchants écrits, ainsi que sur ses liaisons qu'il lui serait utile ou dangereux de faire avec telles personnes qui lui tendront la main et qu'il ne faudrait presser qu'avec connaissance de cause.

On lit dans le livre de Job, écrit 1800 ans avant notre ère et 200 ans avant Moïse :

« Dieu met alors comme un sceau sur la main de tous les hommes, afin que tous les mortels qu'il emploie comme ses ouvriers connaissent leur dépendance (destinée). »

C'est une vérité, reconnue depuis longtemps, que la main diffère selon la classe professionnelle des individus et qu'elle se transmet ainsi pendant plusieurs générations : un avocat ou un médecin, fils d'un laboureur ou d'un artisan, portera la main de son père et la transmettra, légèrement modifiée, à son fils et ainsi de suite. La main est donc le signe caractéristique de la race et sert merveilleusement la science des pronostics. Elle était, dans l'antiquité, un lien d'union et d'amitié. Il fut transmis par les gnostiques, admis par les Anglais, et il ne peut que se perpétuer partout, parce que la main est un symbole de l'avenir. Une poignée de main exprime la confiance, l'espoir que l'on place dans la personne qui la reçoit ; c'est ainsi que, pour indiquer l'union intime, indissoluble du mariage, on dit d'une jeune fille, qu'elle a donné sa main, qu'elle s'est unie pour toujours.

Deux mains unies et grippées symbolisent la bonne foi (grade de maître).

Chacun profite des services incessants que la main procure sans en apprécier le mérite infini : la main commande, accuse, appelle, renvoie, approuve, désapprouve, affirme, nie, accueille et repousse ; elle est l'auxiliaire du prédicateur à la chaire, de l'avocat au barreau, de l'orateur à la tribune, chez lesquels elle double la puissance d'émouvoir ; enfin comment opérerait-on sans elle dans le travail magnétique ? Mais le plus noble de ses privilèges est son mouvement de supplication vers le ciel pour adresser nos vœux au Créateur des mondes [51].

### De la physiologie de la main

Le nombre infini de fibres qui se réunissent forme, sur la surface du corps humain, l'organe du toucher. Elles composent trois membranes nommées épiderme (surpeau, cuticule), ritivale et peau. Leur ébranlement, transmis au *sensorium* (cerveau) par les nerfs, y produit ces deux grands mobiles de la vie : plaisir ou douleur.

L'organe du toucher, dont jouissent les cinq sens, réside particulièrement dans la main, comme étant la partie du corps la plus flexible et celle qui se prête le mieux aux divers caprices de la volonté. S'il était possible d'en augmenter les articulations, c'est-à-dire le nombre des doigts, nul doute qu'on ajouterait, dans la proportion, à la puissance du sentiment [52].

---

[51] Dans un ouvrage curieux, intitulé *la Chirognomonie*, un observateur instruit, le capitaine d'Arpentigny, a donné le moyen de reconnaître les tendances de l'intelligence, d'après les formes de la main qu'il divise en sept catégories.

[52] Il y a, dit-on, à Berlin, une famille sexdigitaire ; les personnes qui la composent doivent,

Combien est admirable la structure de l'homme ! plus il est doué de cette vaste intelligence qui embrasse l'infini, plus son cerveau est spacieux et plus sa main est garnie de ganglions [53]. Les fonctions de la main sont presque universelles. Ce principal agent du cinquième sens (le tact) est supérieur à tous ceux que l'on a inventés : la main palpe et mesure les corps les plus volumineux comme les plus minimes ; elle analyse, modèle, confectionne, transforme tout ce qui existe ; crée tout ce que le génie lui suggère, entretient la vie, prépare l'aliment qu'elle porte à la bouche ; protège, défend contre les obstacles ; sert de guide dans l'obscurité, fait connaître l'état réel et la propriété des corps : forme, étendue, résistance, température, etc., d'où naissent les autres connaissances. Messagère toujours active de l'intelligence, la main est le partage exclusif de l'homme. Beaucoup d'animaux lui sont supérieurs pour la vue, l'ouïe, l'odorat et le goût ; le toucher de l'homme les efface tous par sa perfection, puisqu'il leur est consécutif et qu'il rectifie leurs erreurs : nous touchons, parce que nous avons vu, entendu, senti et goûté les objets.

Le toucher est volontaire, il suppose une réflexion dans celui qui l'exerce ; les autres sens n'en exigent aucune ; les sons, la lumière, les odeurs frappent les organes respectifs sans qu'on s'y attende, tandis qu'on ne touche rien sans un acte de volonté. Le toucher est le géomètre de l'esprit, le sens de la raison ; la main permet à l'esprit de se solidifier, en détachant notre être de tout ce qui l'entoure ; elle creuse l'espace, établit l'étendue, mesure la distance, exerce tous les arts, réalise toutes les matières du globe, dont elle nous fait connaître l'étendue et met à même d'en parcourir l'espace.

Ceux qui ont examiné l'échelle ascendante de la série hominale et des animaux ont vu que, partout, l'intelligence brille et grandit en proportion du signe de perfectionnement de cet organe. Voici les remarques faites chez les idiots, les crétins et les imbéciles :

IDIOT (qui est sans idée, ni entendement). Le membre thoracique et la main de l'idiot sont informes et atrophiés (amaigris) comme leur cerveau ; leur avant-bras est dépourvu de mouvement de rotation ; la main petite, supportée par un large poignet, manque quelquefois de paume (le dedans de la main entre le poignet et les doigts), ou le poignet reste fléchi vers la paume.

IMBECILE (faible d'esprit, incapable). La main de l'imbécile a un peu plus de développement, mais elle est réputée mal conformée et les muscles du bras, quoi-

---

toutes choses égales, avoir plus de sensations que les autres.
[53] Assemblages de nerfs entrelacés.

que moins restreints dans leurs mouvements, n'ont pas beaucoup plus d'étendue que ceux de l'idiot.

CRETIN (imbécile et difforme). La main n'a rien de normal chez le crétin ; ses mouvements sont restreints ; elle est montée sur un large poignet à la base, et, à l'extrémité des doigts, les saillies sont absentes ou peu développées. Trop volumineuse ou trop grêle, et toujours mal formée, cette main et le bras semblent communiquer au maintien et à la démarche un air gêné et contraint.

Chez les hommes d'intelligence ordinaire, la main n'a rien d'anormal ; elle comporte parfois une certaine beauté ; mais ses mouvements n'en sont pas moins restreints, étant montée sur un large poignet. Dupuytren a remarqué que la partie tactile de la main est maigre et que les saillies, au bout des doigts, sont peu développées ou absentes.

Chez ceux d'un jugement supérieur, le membre thoracique et la main sont des modèles de perfection. Cette main, toujours supportée par un poignet fin et délié, est particulièrement organisée et en rapport avec l'art ou la science qu'ils cultivent.

Les médecins modernes ont signalé d'autres faits la main est tuberculeuse chez les phtisiques et les scrofuleux. L'avare a les doigts crochus, le prodige les a à l'inverse.

Toutes ces remarques sont dignes de fixer l'attention du philosophe et du maçon.

## De la chirologie

La chirologie est la science du langage à l'aide des doigts ; car l'un des précieux avantages de la main est d'être l'auxiliaire de la parole et de servir d'organe lingual et d'expressions chez les sourds et muets.

La main, instrument sans cesse en rapport avec le cerveau, ce temple plein de mystères et de merveilles, ce séjour de la pensée et de l'entendement, est toujours façonnée sur son plus ou moins de perfection, c'est-à-dire que, suivant le cerveau dans son développement, elle est plus ou moins bien proportionnée.

On sait que les doigts se nomment le pouce (*pollex*, le signe de la puissance[54]), l'index (l'indicateur), le medius (doigt du milieu), l'annulaire (qui reçoit

---

[54] Les anciens appuyaient le pouce sur l'index en signe d'approbation, et l'ouvraient pour marque du contraire.

l'anneau[55]), et l'auriculaire (le petit doigt, le seul qui puisse s'introduire dans l'oreille) ; leur langage est appelé *chirologie*.

Le célèbre abbé de l'Épée, né à Versailles en 1712, mort en 1789, a été le premier qui a tiré parti de cet ingénieux langage, en fondant l'Institution des sourds-muets, établissement éminemment philanthropique, créé dans le but de rendre aux arts, aux sciences et à la société nombre d'individus qui, sans cette heureuse invention, auraient été malheureux et à charge au corps social au lieu de lui être utiles.

On peut aussi suppléer par la digitation (le tact des doigts) à la perte de la vue. Nous pourrions citer une foule d'exemples qui constatent que des aveugles ont indiqué les couleurs, les monnaies, les cartes, etc., et d'autres qui sont parvenus à reproduire, avec de l'argile, des statues parfaitement semblables à celles qu'ils avaient sous la main.

---

[55] D'après un usage qui remonte à la plus haute antiquité et dont la raison était tirée de l'anatomie : les anciens croient, dit Aulu-Gelle, que ce doigt était mis en correspondance directe avec le cœur par le moyen d'un nerf spécial, circonstance qui le faisait regarder non comme le plus important des cinq doigts, mais comme le plus digne de porter des anneaux, gages de l'affection ou marques de quelque dignité.

# CHAPITRE XII :

## De la phrénologie[56]

> « L'ère glorieuse approche où la philosophie
> et la morale seront fondées sur la phrénologie. »
>
> Broussais

La phrénologie enseigne à découvrir les dispositions naturelles et les éléments du caractère de chaque individu. Avec son aide, on parvient à connaître avec quelque certitude, les passions, les penchants, les sentiments et les facultés de l'intelligence de l'homme.

La vie se continue dans les organes par deux choses la forme (*type*) ou le moule dans lequel la matière incessamment se façonne, et l'animation ou les forces vivifiantes qui renouvellent cette matière régulièrement, en se conformant au type, d'où un changement moral à telle période de la vie, changement toujours plus notable que celui du physique, à cause, surtout, de l'exercice continuel de l'intelligence sur les rapports entre eux des objets extérieurs ou visibles.

Cette science intéressante, plus complète que la physiognomonie, a une portée immense qui n'est balancée que par son utilité évidente et morale. Son intérêt est général et tel qu'elle devra faire partie de l'instruction publique. Quand tout le monde, dès l'âge de raison, sera phrénologiste, chacun connaîtra tous ses penchants, il cultivera les bons et combattra les mauvais ; on se corrigera mutuellement ; on ne sera plus guère trompé que parce qu'on le voudra bien, puisqu'on saura toujours à qui l'on a affaire ; on pourra se confier sans danger, ou se défier de qui de droit, qu'on pourra surveiller. Alors, on verra la masse des délits et des crimes diminuer insensiblement. Les plus heureuses conséquences découleront de cette théorie appliquée à l'éducation générale, et ce qui fut, dans le principe, la risée des hommes légers ou à courtes vues, deviendra l'admiration du philosophe et l'une des meilleures sauvegardes de la société. Si cette science avait eu plus de docteurs et de partisans, telle tête n'aurait jamais gouverné.

---

[56] Mot formé de *phren*, esprit, et de *logos*, traité.

Le célèbre physiologiste Gall est le fondateur de la phrénologie ; secondé par son disciple Spurzheim, médecin distingué, il créa son système et publia ses découvertes en 1808. Ayant, tous deux, continué leurs travaux avec la persévérance et la sagacité du génie de l'observation, les faits nombreux qu'ils recueillirent sur les aptitudes et les dispositions innées d'un nombre considérable d'individus dont les portraits moraux ont tous été reconnus et avoués comme exacts, établirent formellement cette science curieuse, à laquelle les juges surtout devraient indispensablement être initiés, dans leur baccalauréat, afin de pouvoir pénétrer le mystère des motifs qui déterminent la plupart des actions humaines, d'après des types caractérisés. Ceux qui nient les révélations de la physiognomonie et de la phrénologie, ou ne savent pas lire sur la physionomie ni rien augurer de l'extérieur des corps, ou bien ils craignent d'être dévoilés[57].

L'étude du philosophe et du franc-maçon devrait toujours se compléter par des notions exactes sur les sciences psychologique, physiologique, physiognomo-

---

[57] Disons un mot des deux grands interprètes, premiers apôtres de cette science importante : Gall (J.-Jo.), est né à Triesenbrunn (grand-duché de Bade) en 1758. Après avoir étudié à Bade, à Bruchsal et à Strasbourg, il se fit recevoir médecin à Vienne, où il exerça quelque temps. C'est dans cette ville qu'il exposa des vues nouvelles sur la structure et les fonctions du cerveau. Sa doctrine parut dangereuse, et les autorités firent fermer ses cours. Il quitta la capitale de l'Autriche, visita le nord de l'Allemagne, la Suède, le Danemark, vint enfin se fixer à Paris en 1807, et ouvrit à l'Athénée des cours publics qui servirent à populariser son système. Flatté de l'accueil qu'il recevait en France, Gall se fit naturaliser français, en 1809, et continua ses découvertes en phrénologie. Il avait d'abord prouvé que le cerveau n'était pas un organe simple. Un examen approfondi lui avait fait reconnaître jusqu'à vingt-sept circonvolutions encéphaliques auxquelles il attacha autant de facultés fondamentales. Il assigna aux facultés animales ou appétives les parties postérieures et latérales de la tête ; aux facultés intellectuelles, la partie antérieure ; aux qualités morales, la partie antérieure supérieure. La doctrine de Gall, comme toutes les doctrines nouvelles, rencontra d'ardents contradicteurs qui l'accusèrent de mener au matérialisme et au fatalisme ; mais le célèbre anatomiste consacra un volume entier à répondre à ces accusations, déclarant qu'il n'avait jamais confondu l'âme avec les instruments matériels dont elle se sert, ni enseigné l'irrésistibilité des actions. Le gallisme prévalut. On a de lui : *Anatomie et physiologie du système nerveux en général et du cerveau en particulier*, 1810-1820, 4 vol. in-4° et in-f°, et 1822-1825, 6 vol. in-8°, avec un atlas de 100 planches in-f°. Gall mourut à Montrouge, prés Paris, âgé de 75 ans, en 1833. Spurzheim (Gasp.), célèbre médecin, disciple de Gall, né prés de Trêves (Prusse) en 1766, s'attacha à la doctrine de Gall, qu'il modifia légèrement. Il coopéra à l'*Anatomie du cerveau*, de Gall. Il parcourut la France, l'Allemagne, l'Angleterre et les États-Unis, dans le but d'y populariser la phrénologie. Ce docteur mourut du typhus à Boston, en 1833, laissant deux ouvrages ayant pour titres : *Sur la folie*; Sur les principes de l'éducation. — Un nouvel émule de Gall, le docteur Dehoule, déjà connu dans le monde savant, fait faire des progrès certains à la phrénologie, dont il justifie et perfectionne le système, qu'il présente sous un nouveau point de vue philosophique ; il divise le crâne en sections et non en bosses, parce que, selon lui, les saillies peuvent ne pas exister, tandis que les passions et les sentiments dominent toujours. Il tire de sa méthode des arguments clairs, rationnels et positifs, qui forment d'heureux compléments à la science si curieuse et si utile de la phrénologie.

nique et phrénologique, dont les rapports intimes semblent n'en former qu'une seule. Nous ne doutons pas que, si la phrénologie était sérieusement pratiquée par une commission d'examen nommée par chaque loge, le corps maçonnique serait mieux composé et la Maçonnerie plus brillante et plus recherchée ; car sa splendeur ne tient qu'à sa bonne composition. C'est cette considération qui nous a porté à donner ces notions, afin d'en exciter l'étude dans l'esprit de nos lecteurs.

## Du libre arbitre

> *« La forme des organes matériels qui déterminent les penchants, les inclinations et les instincts des êtres vivants peut toujours être modifiée, car, sur la terre, tout être générateur et libre est essentiellement muable. »*
>
> THOT

La liberté de l'homme consiste à vouloir ce qu'il peut.

Un auteur a dit : « La volonté est au libre arbitre ce que le poids est à la balance[58]. »

L'homme ne peut jouir complètement de son libre arbitre, s'il n'est pas éclairé des lumières de l'occultisme : pour se corriger, il faut se connaître, et l'on ne se connaît pas ou que très imparfaitement.

La réponse à la troisième question maçonnique française, *Que venons-nous faire en loge ?* est : *Vaincre nos passions, soumettre nos volontés et faire de nouveaux progrès dans la Maçonnerie* (la morale)[59] ; la Maçonnerie dit bien aussi, comme l'inscription du temple de Saïs : *Connais-toi toi-même*, ou comme la maxime indienne : *Connais toi-même et l'Être* (l'âme du monde) ; mais elle n'indique pas, à ses adeptes, ainsi qu'on le faisait autrefois dans les initiations, les moyens d'atteindre ce noble but. Le maçon est donc forcé de recourir aux sciences instructives que nous venons d'annoncer.

Bien qu'elles soient encore imparfaites, elles répandent assez de lumières pour lui faire connaître ses passions, les tendances de son intelligence, les penchants de son cœur ; pour l'amener à les combattre, s'ils sont funestes, et à les développer et les diriger, s'ils sont bons ; afin qu'en travaillant, avec résolution, à perfectionner

---

[58] Baron Massias.
[59] Les anciens cahiers présentent cette question : Qu'entendez-vous par Maçonnerie ?
R. — J'entends l'étude des sciences et la pratique des vertus.

son moral et son intelligence, il parvienne en même temps, à la perfection de tout son être. Les traits de son visage, les protubérances de son cerveau, la forme de sa main, son allure, son maintien, se modifieront ; ainsi, après avoir atteint l'idéal moral qu'il se sera proposé, il réalisera son perfectionnement physique. Avec un tel système de conduite, la race humaine n'eût pas dégénéré.

La substance matérielle que transmettent les parents à leurs descendants étant de même nature et de même forme que la leur, la configuration des organes qui en proviennent rend presque toujours héréditaires les facultés intellectuelles, les penchants moraux, les traits corporels, produits par une nature identique, apportant trop souvent avec elle les prédispositions à telles maladies de famille.

C'est cette étude plastique et le redressement des parties essentielles de l'organisme humain qui firent instituer, chez les mages et chez les Égyptiens, un mode raisonné de perfectionnement physique et intellectuel ; ils nommèrent le premier éducation et le second instruction. Mais, chez l'homme mûr, c'est une instruction nouvelle qui doit modifier l'éducation acquise : « Sur l'océan de la vie, à quoi servirait que la raison fût le gouvernail, si la passion était le pilote ? »

Épicure a dit, et Lucrèce l'a répété :

La philosophie seule dégage de toute vaine crainte celui qui s'y livre : la servir, c'est donc vouer à la liberté. Par elle aussi on parvient à se maîtriser. Celui-là seul est sûr d'être supérieur à ses passions, qui été éclairé par cette science, et à qui la connaissance des causes et des effets a révélé d'avance par quelle voie il peut atteindre le but de la vie, le bonheur. Ainsi, trois graves motifs militent en faveur des études philosophiques : les remèdes qu'elles offrent contre tous les maux de l'âme et du corps, la sécurité qu'elles inspirent relativement au monde extérieur, la puissance morale qu'elles donnent à l'homme sur lui-même.

# CHAPITRE XIII :

## Des sciences occultes

> « *L'ignorance rend les hommes crédules,
> la science des mystères de la nature les rend croyants.* »
> H. Delaage

Dans les fastes initiatiques, nous faisons précéder ce que nous avons à produire en grades cabalistiques, alchimiques, hermétiques, de notions explicatives sur les sciences occultes. Nous allons en extraire quelques-unes qui suffiront pour donner une idée de ces sciences, pratiquées, jadis, avec une si grande réserve, dans les mystères anciens et dans les écoles pythagoriciennes, comme complément de la haute initiation ou de la doctrine secrète.

Nous pensons que des professeurs habiles, la Maçonnerie en compte quelques-uns, donneraient beaucoup d'intérêt aux travaux des deux premiers degrés que nous invitons à établir, en les basant sur le développement des sciences philosophiques que nous venons de citer avec assez de détails pour en porter la conviction dans l'esprit des maçons instruits et assez dévoués à l'expansion des connaissances utiles pour entreprendre cette noble tâche. Alors, on ne sortirait plus de nos temples sans profit pour l'intelligence.

Les sciences occultes seraient réservées pour le troisième degré philosophique, dans lequel se compléterait avec le grade symbolique correspondant, l'éducation de l'initié moderne qui, à la pratique près, se trouverait avoir atteint le sommet des connaissances initiatiques anciennes.

Ceux qui déclarent tel fait impossible ne connaissent pas l'étendue du possible.

Les sciences occultes furent, dans tous les temps, l'apanage des intelligences privilégiées ; elles veulent être étudiées en elles-mêmes et pour elles-mêmes ; elles veulent un zèle soutenu et une persévérance infatigable[60]. Le principe est un, donc la lumière est une et l'initiation (pratique) en est réservée à celui qui veut fermement, selon l'axiome : vouloir c'est pouvoir.

Les génies d'élite qui se sont fait les instituteurs et les civilisateurs du genre humain ont voulu cultiver dans l'homme, l'intelligence, le moral et le physique, afin de faire parvenir l'humanité au bonheur et à la perfectibilité que sa nature lui permet d'atteindre et de la seconder dans son penchant irrésistible à étendre la limite de sa puissance.

## De l'astrologie

La connaissance des phénomènes du monde sidérique, de l'influence des astres sur les corps terrestres et les inductions savantes qui en furent tirées, donnèrent naissance à l'astrologie. Intimement liée à l'étude des astres et à leur révolution, elle est certainement la première et, par conséquent, la plus antique des sciences et des superstitions. Le but des astrologues était de prédire l'avenir par l'inspection du ciel. On attribuait aux constellations et aux douze signes du zodiaque, sous l'influence des planètes regardées comme arbitres de nos destinées, des qualités et des vertus ou des influences diverses sur les hommes, sur les empires et sur les événements futurs. Les inductions tirées des douze signes, appelés les douze maisons du sort, dont chacune avait son influence particulière, composaient l'art *généthliaque* (du grec *généthlè*, naissance) ou l'art des horoscopes (de *hora*, heure, et *skopéô*, je regarde).

Ptolémée fut astrologue, car il crut à ces influences.

Les astrologues divisaient l'existence physique de tout ce qui respire en quatre tempéraments : le sanguin, le bilieux, le mélancolique, et le pituiteux.

L'astrologie, appliquée au microcosme, corps humain, a donné naissance à la physiognomonie, qu'elle divise en chiromancie (de *chèir*, main, et *mantéia*, divination) et métoposcopie (de *métopon*, front et *skopéô*, je regarde), qui enseignent à prédire l'avenir par l'inspection des lignes de la main, et par l'examen de la configuration du visage.

Elle donna également naissance au magisme ou la magie, et celle-ci se divisa

---

[60] On cite Nicolas Flamel, qui travailla vingt-cinq ans, de 1357 à 1382, pour trouver, le 17 janvier, la projection à l'argent, et, le 25 avril suivant, la transmutation en or.

en une infinité de divinations par les noms propres, par les quatre éléments, par l'évocation des ombres, par les poissons, etc.

L'astrologie, pratiquée dans l'école pythagoricienne, disparut à l'anéantissement des collèges initiatiques dans les Gaules, par César. Depuis, il n'en exista que les abus. Au XVIe siècle, le célèbre Tycho-Brahé, qui y avait foi, fit de vains efforts pour la retrouver. Les charlatans et les almanachs de Liège ont exploité sa renommée.

## De la kabbale ou cabale

*Felix qui potuit rerum cognoscere causas.*

VIRGILE

Les lois mystérieuses qui régissent le monde invisible, connues dès la plus haute antiquité, donnèrent naissance à une science qui, plus tard, fut nommée cabale ou tradition sacrée. Cette science est indépendante des époques et des formes religieuses : les Orientaux, soit indiens, soit arabes, soit hébreux ; les Européens, catholiques, grecs ou protestants, en admettent également les principes et les combinaisons.

La doctrine cabalistique fut longtemps la religion du sage et du savant, parce que, comme la Franc-maçonnerie, elle tend, sans cesse, à la perfection spirituelle et à la fusion des croyances et des nationalités entre les hommes. Aux yeux du cabaliste, tous les hommes sont ses frères, et leur ignorance relative n'est, pour lui, qu'une raison de les instruire. Il y en eut d'illustres chez les Égyptiens et chez les Grecs dont l'Église orthodoxe a accepté les doctrines ; les Arabes en ont aussi produit beaucoup dont la sagesse n'a pas été repoussée par l'Église du moyen âge.

Les sages portaient avec fierté le nom de cabalistes. La cabale contenait une philosophie noble, pure, non mystérieuse, mais symbolique ; elle enseignait le dogme de l'unité de Dieu, l'art de connaître et d'expliquer l'essence et les opérations de l'Etre-Suprême, des puissances spirituelles et des forces naturelles, et de déterminer leur action par des figures symboliques, par l'arrangement de l'alphabet, par les combinaisons des nombres, par le renversement des lettres de l'écriture, et par le moyen des sens cachés que l'on prétend y découvrir. La cabale est la clef des sciences occultes. Les gnosticiens sont nés des cabalistes.

## CHAPITRE XIV :
### Du magisme (magie)

*Ni jeune homme ni vieillard ne doivent rester étrangers à l'étude de la philosophie. On n'est jamais assez jeune pour que l'on puisse balancer à s'initier dans la pratique de cette science. Autrement, ce serait dire qu'il ne serait pas encore temps d'être heureux ou que, pour être heureux, il est trop tard.*

ÉPICURE

Les mages, ces sages de l'antique Orient, observaient et étudiaient la nature de l'homme, le mécanisme de sa pensée, les facultés de son âme, sa puissance sur la nature, et l'essence des propriétés et des vertus occultes de chaque chose. Ces investigations, réduites en corps de doctrine, prirent le nom de magisme, base de la religion de Zoroastre et de sa science initiatique. Le magisme se retrouve dans ses sentences, dans les hymnes d'Orphée, dans les invocations des hiérophantes, et dans les symboles de Pythagore. Il est reproduit dans la *Philosophie occulte* d'Agrippa, dans celle de Cardan, et il est reconnu, sous le nom de magie, dans les effets merveilleux du magnétisme.

Il n'y a plus de magiciens, ou ce sont des magiciens sans magie; mais nous connaissons de savants magistes, dont les travaux sont remarquables[61].

---

[61] ORDRE DES MAGICIENS. Cet ordre fut institué à Florence dans le XVIIe siècle. C'était une scission des frères de la Rose-Croix. Les initiés portaient le costume des inquisiteurs. Le magicien de François Ier se nommait Gonin; ce fait prouve que le roi de France croyait à la magie. L'Église de Rome y croyait également: on en a la preuve évidente dans la Constitution du pape Honorius-le-Grand, où se trouvent les conjurations secrètes qu'il faut faire contre les esprits des ténèbres. Nous en donnons la traduction dans les *Fastes initiatiques*, avec les signes magiques. Il paraîtrait même, d'après le fait suivant, qui est extrait d'une *Relation* manuscrite *sur les événements de juillet* 1830, par M. A. BL…, officier d'état-major du général Lafayette, que cette croyance à la magie existait encore dans certaines têtes à cette époque. C'est l'auteur qui parle. «Le lendemain de la révolution, dès l'aube du jour, le général Lafayette m'ordonna d'aller reconnaître la position et les forces des troupes qui entouraient Charles X. On me donna un des chevaux que les gendarmes du préfet Mangin avaient abandonnés à l'Hôtel-de-Ville. «Près Saint-Cyr, je fus accosté par un jeune séminariste, couvert de sueur, qui courait à pied vers Rambouillet. Cet abbé me prit sans doute pour une personne attachée à la maison du roi:

Passons à l'initiation du magisme.

Le magisme est la science des sciences ou plutôt est l'ensemble de toutes les sciences, ou connaissances humaines; c'est pourquoi, dans l'antiquité, les mages étaient les philosophes les plus savants; en effet, un magiste doit être initié aux principales sciences:

1° La science préparatoire est la connaissance des langues anciennes, celles des signes cabalistiques, chiffres, alphabets, hiéroglyphes talismaniques et autres, en usage dans l'occultisme.

2° Pour prédire et annoncer les tremblements de terre, les orages, les grandes inondations, les apparitions de comètes, il faut avoir des notions astronomiques.

3° Comme les sujets lucides sont les premiers instruments de prédiction, et que, pour rendre lucide, le magiste doit employer un fluide végétal, l'étude de la botanique et de l'histoire naturelle lui est indispensable.

4° Ces sucs de plantes (ou fluides subtils), attaquant particulièrement les organes intellectuels, ainsi que nous allons le voir, ils nécessitent l'étude approfondie de l'anatomie et de la physiologie.

5° Pour prévoir les maladies épidémiques: la peste, le choléra, la grippe, les fièvres, etc., il faut connaître la pathologie, la physique (qui comprend les fluides), la chimie, etc.

---

il me pria de piquer des deux éperons, afin de porter au plus tôt à Sa Majesté l'écrit ci-après, dont il avait plusieurs copies:

«Au fils aîné de l'Église, au roi Charles X, roi de France et de Navarre, par la grâce de Dieu, salut!

«Sire, mon bon ange m'a apparu, comme à Jeanne de Vaucouleurs, et m'a dit: Cours vers Rambouillet; fais savoir à Sa Majesté que le duc d'Orléans, son cousin, a renouvelé les maléfices d'un de ses aïeux, que le révérend Martin Delrio, prêtre docteur de la Compagnie de Jésus, a constatés dans ses controverses magiques. Dis à ce bon monarque que le duc d'Orléans, par sacrilège, cherche à le remplacer sur le trône, par le pouvoir du diable, à l'exemple de l'ancien duc d'Orléans, qui donna son épée, son poignard et son anneau à un moine renié et à ses compagnons, pour les faire consacrer par prestiges fanatiques, afin qu'il pût exercer les maléfices qu'ils prévoyaient dans son esprit, étant à la tour de Montguy, près Lagny; il invoqua deux démons à lui par son art; il donna l'épée, le poignard et l'anneau pour les enchanter; puis, les ayant repris, il les remit au duc d'Orléans; lequel charme se fit si subitement sur le roi Charles, son cousin, qu'à peine l'on put s'en apercevoir.

«Le premier charme, fait à Beauvais, fut si violent, que les ongles en tombèrent au roi; le second, en la ville du Mans, avait une si grande force, qu'on ne put juger si le roi vivait ou non: il était étendu de son long, sans pousser un sentiment; mais, après qu'il eut repris ses esprits et fut revenu à lui, il dit: «Je vous prie, ôtez-moi cette épée qui me transperce le corps: c'est le duc d'Orléans, mon cousin, qui me procure ce mal; mal que Votre Majesté doit ressentir. Il n'est qu'un seul remède: c'est de faire arrêter le duc d'Orléans et ses complices qui sont rue d'Artois.»

6° Comme toutes les maladies ne sont que le résultat des émanations miasmatiques (fluidiques) des corps, l'appropriation des médicaments, comme moyen de guérison, doit avoir la même proportion dans le fluide végétal qu'on leur oppose, c'est donc l'homéopathie, comme loi des semblables et résumé vrai des sciences médicales ou allopathiques, qu'il faut savoir.

L'étude approfondie de toutes les sciences compose le magisme, qui a besoin de faits comparatifs pour ne pas errer.

Quelques tracés ou figures magiques peuvent amener des personnes impressionnables à un état magnétique tel, qu'elles se soumettent à ta volonté muette du magiste habile qui opère sur elles. Ces personnes ont des visions souvent étranges; elles exécutent ce que leur ordonne mentalement le magnétiseur. Les causes, les forces qui produisent ces effets curieux sont, nous l'avons dit, l'idée, la volonté fortement concentrée, c'est-à-dire l'influence animique de l'esprit sur l'esprit d'autrui, à cause de l'homogénéité de nature. Cet effet du magisme n'est que le résultat d'une autre forme de magnétisation, mais bornée à un petit nombre d'individus. C'est ce résultat extraordinaire qui a donné naissance aux disques magiques.

## Disques magiques

On emploie, dans les expériences du magisme, des disques en carton, recouverts de papiers coloriés. Au centre de chaque rond est le numéro d'ordre qu'occupe la couleur dans le rayon solaire. Vers la gauche est écrite l'action que les couleurs doivent produire sur le sujet, et, à droite, se trouve le signe de la planète dont chaque disque tire sa protection.

Ces disques sont au nombre de neuf: sept représentent les couleurs primitives. Le disque n° 8 est blanc, et le n° 9 est noir; ils signifient commencement et fin. L'action de chacun consiste à frapper avec force l'imagination du sujet: Ils produisent des phénomènes différents les uns des autres; en voici le tableau:

| DISQUES | PLANTES | EFFETS PRODUITS |
|---|---|---|
| 1. Violet | *Hydrociam; nig. Adrop. bellad. Dat. stramon. Canab. ind. hashisch. Strychn. colubr.* | Mouvement continuel des bras et des jambes; désir de toucher à quelque chose ou de marcher sur des objets quelconques; cris, aboiements, imitant bien ceux des chiens; envie de mordre et de battre quelqu'un à coups de couteau; ivresse complète; apparitions de toutes sortes de bonheurs; tout ce qu'il désire, il le possède en illusion (il a souvenir de tout ce qui s'est passé et de tout ce qu'il a vu). |
| 2. Indigo | *Pip. nig. Veratr. sabad.* | Excitation fébrile; faiblesse dans les membres abdominaux. Le sujet se met à genoux et veut faire sa prière dont il ne peut se rappeler un seul mot. Perte de la vue, malgré qu'il marche avec aisance; il se heurte contre les murs; tremblement des paupières; les yeux finissent par se fermer; sommeil profond (on ne peut l'éveiller qu'en lui versant de l'eau sur le visage). |
| 3. Bleu | *Pip. cub. Laur. camphr. Ass. foet. Con. macul.* | Excitation générale, mouvement convulsif; envie de dormir; perte de tout raisonnement; somnolence, abattement. |
| 4. Vert | *Pseu. angust. Lad. vir. Atr. mandr.* | Larmes abondantes; il joue avec ses mains comme un enfant; envie de courir; il prétend marcher plus vite qu'un cheval. Tressaillement de tous les muscles du corps; il veut faire ses adieux, comme s'il allait mourir; engourdissement général; léthargie. |
| 5. Jaune | *Strychn. n. vom. Op. Strych. igna. L. sativ. Veratr. alb. Asper. offic.* | Balancement de la tête en avant et en arrière; engourdissement général, sommeil (en lui ouvrant les paupières, la présence du disque couleur jaune le met dans une grande fureur dont il ne peut expliquer la cause, les autres couleurs ne lui produisent aucun effet). Rêves voluptueux, frissons et pâleur extrême; abattement complet; nouveau sommeil; état zoomagnétique pendant lequel il peut marcher, se promener et voir parfaitement, malgré que ses paupières soient entièrement fermées; il répond aux questions qu'on lui adresse sur différentes choses qu'à son réveil il ignore complètement (il ne garde aucun souvenir de tout ce qu'il a dit, et de ce qui s'est passé). |

| | | |
|---|---|---|
| 6. Orangé | *Sel. d'op. Valer. offic. Nicoti. tab. Conval. jal.* | Grandes joies; engourdissement des membres supérieurs et inférieurs; sommeil (en lui ouvrant les paupières et lui présentant le disque couleur orangé, il éprouve une grande envie de rire, interrompue par une souffrance morale qu'il ne peut expliquer); pleurs, tendance à une grande lucidité. |
| 7. Rouge | *Prunell. vulg. Lavand. stoen. Lavand. ver. Digit. parp.** | Cris poussés par la peur, il craint que des personnes cachées se montrent pour lui faire du mal. Cris aigus et intermittents; cet état dure 2 heures et demie chez les uns, et jusqu'à 4 et 5 heures chez d'autres (il lui faut un temps assez long pour se rétablir). |

\* On comprend pourquoi nous ne donnons les noms qu'en latin et en abrégé; ils seront en entier dans les Fastes initiatiques, où se trouveront les figures des sept disques et tout le système magique. Le magisme est une science renouvelée qui n'a pas encore donné toutes ses merveilles. Dans un ouvrage profond et de longue haleine qu'un magiste instruit élabore en ce moment, sont énumérées et traitées les diverses sciences que comporte le magisme, d'après les sept couleurs primitives, plus les deux hors ligne (le blanc et le noir) qui présentent les résultats obtenus par l'assemblage des autres. Cette haute doctrine sera développée dans les Fastes, avec l'interprétation des planches, symboles, hiéroglyphes, etc.

Puisque les plantes indiquées au tableau produisent des effets analogues aux couleurs, le magiste doit d'abord employer les plantes, et ensuite les disques coloriés, pour diriger et maintenir l'action produite par elles.

On ne doit faire usage de ces plantes que pour préparer les sujets aux grands travaux intellectuels auxquels ils doivent être soumis; puis elles deviennent inutiles, car à la seule présence d'un des ronds appartenant à la classe des plantes dont il aura déjà ressenti les effets, le sujet retombera dans le même état; en voici un exemple:

Un jeune homme de vingt ans, d'une excellente santé, fut, il y a quelques années, endormi par le chloroforme pour lui faire une opération.

Dernièrement (1853), il lui fut présenté un flacon recouvert de papier noir sur lequel était collée la formule ou la quantité nécessaire de chloroforme pour endormir un homme; ce flacon était complètement vide, et, chose bizarre, ce jeune homme fut aussitôt endormi d'un sommeil analogue à celui déjà éprouvé lors de son opération; il n'existait chez lui, comme alors, aucune sensibilité, aucun sentiment[62].

---

[62] Le sentiment donne à l'âme la conscience d'elle-même par le plaisir et la douleur. On a dit de lui: «L'intelligence est son regard, la mémoire son vocabulaire, l'imagination, sa palette; le

Revenu à son état normal, il lui fut demandé ce qu'il avait éprouvé ; il répondit qu'il savait parfaitement ce que c'était parce que les médecins l'avalent déjà endormi de la même manière. (Il serait à désirer que, dans les hôpitaux, le même moyen fut employé).

## Le corps humain comparé a une pompe électrique

Nous avons vu plus haut que le corps humain a été comparé à une machine électro-magnétique, peut-être recevrait-il une dénomination plus juste en le comparant à une pompe électrique qui fonctionne par les piles voltaïques, alimentées par des liquides acidulés, où les deux pompes foulantes et aspirantes (absorption et émission) répondent aux mouvements de systole et de diastole du cœur. La comparaison serait d'autant plus exacte, que les nombreux vaisseaux dont est muni le corps humain répondraient aux multiplicateurs de la pompe électrique, qui multiplient sa force comme les nombreux vaisseaux sanguins multiplient la force du cœur, au moyen des deux vaisseaux conducteurs (l'artère aorte et la veine cave) ; ceux-ci répondent aux deux pôles, positif et négatif, de toute machine électrique, lesquels, l'un étant privé de l'autre, détruisent alors toute fonction respiratoire, d'où dérive la catalepsie ou mort apparente.

Dans cet état, la fonction des poumons semble suspendue, le fluide vital (magnétique) est concentré dans le corps du sujet ; il y reste comme conservateur de sa vie endormie, que peut réveiller l'approche d'un métal, le contact d'un magnétiseur, ou l'effet d'une machine électrique, qui rétablirait l'action des fonctions vitales suspendues[63]. C'est ainsi qu'un cataleptique ou un prétendu mort depuis trois jours et plus serait rendu à la vie (ressuscité) s'il était déposé, le dernier jour, dans un cercueil métallique, comme on prétend que cela a été fait chez les anciens. On sait que l'on peut se rendre cataleptique, en se soumettant à un jeûne sévère où les végétaux figurent à peine.

La mort apparente, ou léthargie, peut être artificiellement provoquée chez tout individu, au moyen des disques magiques ; mais elle n'arrive jamais naturel-

---

jugement, la réflexion, la méditation, sont ses ministres et ses conseillers. »
[63] C'est l'électricité atmosphérique qui, par l'intermédiaire des poumons faisant les fonctions de plateau électrique, cause le phénomène de la vie, parce que l'azote, qui domine dans les fluides électriques de l'atmosphère et qui, chez l'homme, est l'alimentation principale de son organisation, opère la réaction, la transformation du sang veineux (bleu) en sang artériel (rouge). On sait que les poumons fonctionnent toujours et de la même manière dans la veille comme dans le sommeil ; les fonctions du cœur dérivent de celles des poumons, et celles-ci sont mises en jeu par la pression atmosphérique, d'où naît la circulation du sang.

lement, ou à la suite d'affections organiques, que par l'accumulation des fluides électriques, dans les organes générateurs de ce fluide, ainsi que le prouvent nombre d'expériences.

En effet, un homme est-il, depuis plusieurs jours atteint de mort apparente ? il suffit de l'approche d'un magnétiseur, qui fera placer le malade sur une table la tête vers le midi ; il se placera à sa droite, posera ses mains sur les parties latérales du tronc, les doigts dirigés vers les attaches aponévrotiques des muscles pectoraux, et fera alternativement, toutes les secondes, des mouvements de pression ; alors, au bout d'une à cinq minutes, la vie reviendra et les poumons reprendront leurs fonctions.

Ce sommeil ne peut pas être mieux comparé qu'à la chloroformisation et à celui des lucides dans le premier cas, les sujets opérés éprouvent une souffrance morale et non physique ; dans le second, une seule faculté existe, c'est celle de la parole.

Il y a quelques années, une expérience de magisme fut faite sur une jeune fille ; étant endormie, on lui demanda si 40 grammes de chloroforme ne seraient pas une dose trop forte pour endormir une jeune fille de douze ans (c'était son âge, et il s'agissait d'elle) ; après un moment de silence, elle répondit qu'elle voyait l'enfant, et qu'il n'y avait aucune crainte à avoir. On la fit revenir à son état ordinaire, on lui remit un flacon contenant les 40 grammes, et elle s'endormit. Vingt minutes après, on lui rendit l'usage de la parole, et, lui posant différentes questions sur l'état où se trouvaient les personnes endormies, elle dit qu'elles ne perdaient jamais l'usage de leurs facultés intellectuelles, lesquelles, au contraire, se trouvaient dans leur plus grand développement, et même capables de juger la science plus ou moins avancée de l'opérateur. Après diverses autres questions, on fit passer cette enfant dans un sommeil ordinaire ; elle y resta huit heures avant de se réveiller. Cette jeune fille n'eut jamais connaissance des facultés surhumaines qu'elle possédait.

## Le sommeil des somnambules diffère de celui des lucides

Le somnambulisme est une véritable somnolence, occasionnée par le magnétisme animal ou l'action de la volonté, dirigée au moyen des passes manuelles d'où s'échappe, d'après les magnétiseurs, le fluide nerveux. Cette somnolence n'est point autre chose qu'un engourdissement des sens, pendant lequel les somnambules ont la faculté d'agir, marcher, sauter, etc.

Les somnambules peuvent, sans le secours d'un magnétiseur, se mettre en somnolence, en catalepsie en extase, et provoquer sur eux-mêmes, par leur propre volonté tous les phénomènes que, jusqu'à présent, les magnétiseurs ont attribués à leurs forces vitales.

Dans cet état de somnolence, qui n'est qu'un engourdissement des sens, des sujets vicieux exposent, sans retenue ni pudeur, les sentiments secrets, les désirs effrénés, qu'ils éprouvent dans l'état de veille ; différence énorme avec le sommeil léthargique des lucides, pendant lequel ils ne peuvent faire aucun mouvement. Ils ignorent le bien et le mal ; si on les entretient de faits criminels ou d'actions exemplaires, ils n'en peuvent faire la différence. Cet état se conçoit facilement : dans le premier cas, l'esprit et les organes sensuels restent dans les mêmes dispositions qu'à l'état ordinaire ; dans le second, le calorique est presque supprimé ; les membres, la face, toutes les surfaces du corps sont froides, et, chose étonnante, c'est que le calorique se conserve dans les voies respiratoires ; l'haleine est brûlante et la respiration lente ; les muscles de la bouche se contractent, et donnent à la physionomie une expression d'amertume qui ne disparaît qu'au moment du réveil. En effet, dans l'état ordinaire, le rayonnement du calorique s'opère à la circonférence : alors, la peau est brûlante ; dans l'état de lucidité, le contraire a lieu, c'est-à-dire que le rayonnement du calorique s'opère de la circonférence (l'épiderme) au centre, où le feu concentré rend l'haleine brûlante[64].

### Aucun souvenir ne suit le réveil

Après le réveil, le somnambule n'a aucun souvenir de ce qu'il a dit ou fait, parce que l'action de l'âme ayant lieu extrinsèquement, hors de l'individu, ne réagit pas sur lui[65] tandis qu'une personne qui a fait un songe, un rêve, peut se le rappeler, parce que l'action animique ou spirituelle s'est accomplie concentriquement.

### Du magisme religieux

Les cérémonies religieuses des anciens n'étaient qu'un magisme spiritualisé : la prière, le jeûne, les mortifications suppléaient aux plantes. Les objets religieux, les sculptures, les peintures, les bannières, les ornements, produisaient l'effet des

---

[64] Les somnambules sont d'autant plus lucides qu'ils sont plus souffrants de la maladie organique à laquelle est due leur lucidité. Si celle-ci diminue, faites-les jeûner.
[65] Nous avons vu une somnambule qui prétendait pouvoir se faire rendre le souvenir après son réveil. Voici le moyen qu'on employait : le magnétiseur lui appliquait un doigt sur le front et un doigt sur le creux de l'estomac, en lui ordonnant de se rappeler. Le sommeil était-il vrai, ou la volonté du magnétiseur suffisait-elle ?

disques coloriés. Les parfums que brûlaient dans leurs temples les prêtres égyptiens, le son des instruments, l'eau lustrale, les aspersions, les chants, les exhortations, achevaient de porter les assistants à l'exaltation des sens et de l'âme.

Voici une expérience faite sur un homme dans la force de l'âge et vigoureusement constitué ; il s'y prêta moyennant salaire.

On le fit jeûner trois jours, ne prenant, soir et matin, qu'un verre d'eau dans lequel on mettait deux grammes de chanvre en poudre, ayant soin de lui faire dire, en même temps, sa prière. Le troisième jour, on lui fit lire, à haute voix, quelques strophes des odes de J.-B. Rousseau, en lui recommandant d'exécuter les mouvements nerfs analogues à la déclamation. Bientôt, le livre tomba de ses mains et les gestes déclamatoires continuaient. N'ayant plus rien à lire, il répétait ce qu'il avait lu et finissait par improviser, quoique dénué de toute instruction : c'était une machine à paroles et à gesticulations ; ce ne fut qu'avec peine qu'on obtint le silence et qu'on parvint à arrêter ses mouvements. Rendu au calme, on le laissa dans une obscurité complète, le livre déposé sur une table ; il a fini, pour se distraire, par en faire la lecture, etc.

Ce dernier phénomène, tout extraordinaire qu'il paraisse, sera compris des magistes. Voici comment cet homme, parvenu à un très haut degré d'exaltation, put lire malgré l'obscurité : dès qu'il fut privé de lumière, ses yeux se sont convulsés, la prunelle dilatée toucha la partie supérieure de l'orbite et y opéra une légère tension des nerfs optiques qui dégagea, dans l'intérieur du crâne, une lumière phosphorescente qui suffisait pour l'éclairer.

## De la magie des paroles

On lit dans Origène : « Il y a des noms qui ont naturellement de la vertu ; tels que sont ceux dont se servent les sages parmi les Égyptiens, les mages en Perse, les brahmanes dans l'Inde. Ce qu'on nomme magie n'est pas un art vain et chimérique, ainsi que le prétendent les stoïciens et les épicuriens le nom de Sabaoth, celui d'Adonaï n'ont pas été faits pour des êtres créés ; mais ils appartiennent à une théologie mystérieuse qui se rapporte au Créateur ; de là vient la vertu de ces noms, quand on les arrange et qu'on les prononce selon les règles. »

On sait que le mot sacré Jéhovah était, chez les Juifs, un nom ineffable. Pour que sa prononciation ne se perdît pas parmi les lévites, le grand-prêtre le proférait dans le temple une seule fois l'année, le 10 du mois *tisri*, jour du grand jeûne de l'expiation. Pendant cette cérémonie, on recommandait au peuple de produire un grand bruit, afin que ce nom sacré ne fût entendu que de ceux qui en avaient le droit, car tout autre, disent les Juifs, aurait été incontinent frappé de mort.

Les grands initiés égyptiens, avant les Juifs, agissaient de même à l'égard du mot Isis, qu'ils regardaient comme une parole sacrée et incommunicable.

Lorsque le grand-prêtre juif avait proféré, selon les règles, le mot Jéhovah[66], on disait : *Schem hamm phorasch*, signifiant le nom est bien prononcé[67]. Ces trois mots forment la parole sacrée d'un grade écossais.

On trouve cette croyance en tête de l'instruction du troisième degré du chevalier de l'Aigle noir, dit rose-croix[68].

Les anciens, croyant que l'âme d'un homme revêtait, après sa mort, une forme semblable à celle qu'il avait pendant sa vie, afin qu'elle pût être distinguée d'une autre âme, ils ont pensé qu'elle pouvait, dans l'occasion, venir revoir les lieux qu'elle avait habités, visiter ses parents, ses amis, converser avec eux, les instruire et leur indiquer la manière de les évoquer ; aussi le mot *abraxas*, prononcé avec quelque cérémonie, passait-il pour faire apparaître les âmes auxquelles on désirait parler.

Virgile lui-même a cru qu'en prononçant des lettres selon la méthode magi-

---

[66] Ou plutôt *Jévo*, dont les Latins firent *Jov, Jovis, Jovispiter*, d'où Jupiter, signifiant : *Je suis tout ce qui est*. Clément d'Alexandrie dit qu'en saisissant bien la prononciation de ce mot *Jévo*, on pouvait frapper de mort un homme.

[67] Les *Schem hamphorasch* étaient les 72 noms de Dieu, tirés, cabalistiquement de l'Exode, et correspondant, 8 par 8, aux neuf hiérarchies célestes ; ensemble, les semblables 72 attributs de Dieu, tirés du livre des Psaumes par le même procédé ; desquels attributs se composent, par l'addition des désinences יה ou אל (autres noms de Dieu), les noms des 72 anges qui occupent les 72 degrés de l'échelle e Jacob. *Schem hamphorasch* fut, chez les anciens, l'emblème de la plénitude, de la toute-puissance, de l'universalité du feu céleste ou de la lumière incréée, laquelle remplit, anime et féconde tout l'espace. Il est appelé en grec : *Ebdomêkontadyogrammaton*.

[68] *Origine de ce nom* : la même instruction se termine ainsi :

D. — Pourquoi les chevaliers de l'Aigle noir se nomment-ils rose-croix ?

« R. — Un grand philosophe hermétique, célèbre maçon (la Maçonnerie n'existait pas au XIIIe siècle), nommé Raimond Lulle, parvint au *céleste mariage de l'époux avec les six vierges* ; il en naquit le *messias* qu'il attendait. Il le présenta à un roi d'Angleterre, qui en fit fabriquer des monnaies, où étaient représentées, d'un côté, une croix et, de l'autre, une rose, et le nom de son auteur gravé en abrégé. Il fut créé chevalier ; de là, tous les chevaliers de cet ordre, qui sont en petit nombre, sont appelés *rose-croix*.

D. — *Quel est le nom de Dieu le plus puissant sur le pentacule* (balance cabalistique de Salomon, vulgairement appelée sceau cabalistique des philosophes) ?

R. — Adonaï.

D. — *Quelle est sa puissance ?*

R. — De mettre l'univers en mouvement. Celui des chevaliers qui aurait le bonheur de le prononcer cabalistiquement, aurait à sa disposition les puissances qui habitent les quatre éléments et les esprits célestes, et posséderait toutes les vertus possibles à l'homme.

que, on forçait la lune de descendre sur la terre : dans sa huitième églogue, il dit sérieusement :

« *Carmina vel coelo possunt deducere lunam*[69]. »

« On tient du célèbre de Laharpe que, dans son enfance, il servit assez souvent, par curiosité, la messe d'un prêtre qui prononçait le *hoc est enim* nombre de fois, jusqu'à ce qu'il crût être parvenu, par l'intonation aspirée de ces paroles, à opérer la descente de son Dieu dans le pain et le vin. Sa messe durait plus de trois quarts d'heure, et les plus intrépides béates échappaient à sa mystification.

« Ce fanatique était dans l'état que les païens appelaient *autopsie* (vision intuitive) ; état par lequel on avait un commerce intime avec les dieux ; on se croyait revêtu de toute leur puissance, et l'on était persuadé qu'il n'y avait plus rien d'impossible.

« Les Romains croyaient aussi qu'en prononçant certains vers sacrés, ils avaient le pouvoir de faire descendre du ciel Jupiter, surnommé Elicius (par Numa).

« Les brames disaient que la figure ou les figures du Dieu suprême devenaient Dieu, lorsqu'elles lui étaient consacrées avec les cérémonies nécessaires à cet effet.

« On voit que, de tout temps, l'évocation, la conjuration et même l'apparition des dieux et des démons, des ombres et des saints, ont fait partie des cultes profitables aux exploiteurs de la reine de la terre, la crédulité. Mais cette observation n'est relative, en aucune façon, à la consécration du pain et du vin de l'offrande moderne[70]. »

## La magie du vouloir

On sait que l'homme possède une spiritualité magnétique qui, vivement aidée par la volonté, est le plus puissant levier qui ait été mis à sa disposition ; on peut donc appeler magie du vouloir cette influence vitale et propulsive qui agit si puissamment sur l'âme et l'esprit du magnétisé, et qui met en mouvement jusqu'aux objets inanimés, selon l'expression de Virgile : « Mens agitat molem[71] »

## Magnétiser c'est faire de la magie

« Reléguons le magnétisme dans les sanctuaires religieux,

---

[69] « On fait, avec des mots, tomber la lune en terre (vers 69). »
[70] *La Messe dans ses rapports avec les mystères et les cérémonies de l'antiquité*, 2ᵉ édition, p. 280, 1 vol. in-8°.
[71] L'esprit agite la matière.

désireux de le soustraire aux mains vénales des charlatans qui le compromettent et des rêveurs qui le ridiculisent. »

H. DELAAGE.

Le magnétisme est, ainsi que nous l'avons indiqué, une force constamment active, vitale et curative, qui pénètre et anime tout ; c'est l'électricité animalisée, vitalisée, intentionnalisée, propulsive, dont la puissance aimantive produit des effets tellement extraordinaires sur les ressorts si mystérieux de l'organisme humain, qu'ils semblent tenir de la magie, parce qu'il n'est pas encore donné à la science d'en expliquer les causes physiques, pas plus que celles des fonctions de la vie, des fonctions de l'alimentation, de la reproduction et de mille autres. Mais nous croyons fermement que le magnétisme bien étudié ou, si l'on veut, la science des mages, est la clef d'or qui couvrira ce sanctuaire encore impénétrable, où l'adepte studieux et persévérant s'initiera aux mystères de son être et de sa destinée.

L'étude de l'action de l'esprit de l'homme sur la matière que, par sa volonté, il anime de sa vie, comme, jadis, Prométhée anima l'argile en y insufflant le feu céleste qu'il dérobait aux Dieux, mènera infailliblement l'initié à connaître l'action de l'esprit universel dans toute la nature et à se rendre compte des phénomènes éternels et de ceux qui ne sont qu'éphémères. Le principe étant un, l'esprit de l'homme est de même nature que l'esprit universel, ce qui a fait dire, psychologiquement et avec raison, que l'homme (l'âme humaine) avait été fait à l'image de Dieu.

C'est pour ces faits merveilleux qu'un magnétiseur habile passait autrefois pour un magicien, parce que, infiltrant sa vie, son essence, sa force et sa volonté dans le corps d'un autre, il lui transmet ses pensées, il lui fait immédiatement partager toutes ses impressions douloureuses ou agréables, il en fait un instrument docile de ses fantaisies, enfin il vit en lui à tel point que le magnétisé, ou le *magicié* mis en somnambulisme vit moins dans lui-même que dans le magnétiseur avec lequel il est identifié ; il peut le faire marcher, danser, s'agenouiller, prendre telle pose d'une statue qui lui est inconnue, mais dont l'image est dans l'esprit du magnétiseur et même le soumettre à de fausses perceptions, par exemple, de boire de l'eau, et lui faire dire (il le croit) que c'est du vin de Bourgogne ou de Malaga, etc[72]. Il y a plus : une lettre, un gant, une mèche de cheveux, peu-

---

[72] Une négresse, somnambule, âgée de 48 ans, reçut un jour, pour nourriture, pendant le sommeil magnétique, un morceau de terre glaise, qu'elle mangea comme gâteau et qu'elle trouva bon. Étant éveillée, elle dit qu'on l'avait fait trop manger, mais qu'elle n'en éprouvait aucun mauvais effet.

vent remplacer le consultant, parce que la moindre partie du fluide contient une fraction de l'individu qui équivaut à toute sa personne, de telle sorte que toutes ses impressions sont aussitôt ressenties par le somnambule, à quelque distance que se trouve le consultant.

Pendant que nous terminons ce chapitre (mai 1853), un témoin digne de foi sort d'une séance de somnambulisme où la lucide, qui ne sait que le français, fut mise en rapport avec un interprète turc parlant cinq langues. Elle prononça sans hésitation et simultanément des phrases arabes, allemandes, grecques et latines, avec la même facilité, la même pureté de son et les mêmes inflexions de voix que son interlocuteur, connaissant même le sens de ses locutions, puisque, par l'effet de l'assimilation, elle le lisait, avec les mots, dans la pensée du polyglotte. Ce phénomène a fait croire à des individus non éclairé que les somnambules avaient le don des langues.

Ces faits étranges paraissent surnaturels, dénomination donnée improprement à ce que l'on ne comprend pas, car rien ne peut être surnaturel, c'est-à-dire au-dessus de la nature.

Tous les somnambules n'ont pas le même degré ni le même genre de lucidité, ni les mêmes facultés animiques : celui-ci a le don de voir les maladies, de les prévoir et d'en prédire le retour, d'explorer l'atmosphère et de prédire la peste, le choléra, le typhus, et autres fièvres malignes ; celui-là de voir à distance à travers les corps opaques, de découvrir les cours d'eau qui circulent sous l'épiderme terrestre, les sources qui peuvent en surgir, comme l'abbé Paramelle[73], de lire dans un livre fermé, etc. ; d'autres ont la faculté inappréciable de percevoir les différents fluides des plantes et d'en indiquer les propriétés médicales.

Il en est de même des magnétiseurs dont, en général, on doit se défier ; leurs facultés diffèrent beaucoup ; ce qui rend peu communs les bons magnétiseurs. Il en est quelques-uns de privilégiés et qui, doués d'un caractère exceptionnel, parviennent à vaincre chez leurs sujets leurs dispositions à la diversité qui produit la divagation et à les amener à une fixité parfaite dont le résultat merveilleux est la réalité, la vérité.

Tout médecin qui exerce, par dévouement à l'humanité, la première des sciences, celle de guérir et de soulager, doit être magnétiseur et même somnambule, s'il est possible, ou bien son art, quelque longue expérience qui l'éclaire, n'est plus qu'une profession incomplète et vulgaire. Citons un exemple : le célèbre Dumez est médecin somnambule ; lorsque, étant éveillé, il lit les prescriptions ordonnées par lui dans le sommeil magnétique, il est toujours confondu de la

---

[73] Il devinait une source, frappait du pied, et l'eau jaillissait.

supériorité du somnambule sur le médecin. En effet, ce dernier ne peut donner que les prescriptions humaines, elles signifient *peut-être*! L'autre énonce les prescriptions divines, elles signifient *c'est cela*: tel est le sens de la recommandation mystérieuse d'Hippocrate, si longtemps incomprise: *Cherchez le divin*!

Si nous entrons, avec quelques détails, dans l'exposé de ces sciences, si remplies d'intérêt, ce n'est certainement pas, nous nous en gardons bien, pour rivaliser de savoir avec les Aubin Gauthier, les Chardel, les Szapary, les Du Potet[74], les Duplanty, les Gentil, les Henri Delaage, les Alexandre Levavasseur et autres maîtres dans ces matières: leurs écrits nous instruisent et notre livre ne peut rien leur apprendre. Mais, en nous étendant ainsi; notre unique but est d'initier, autant que nous le pouvons, les maçons studieux et d'élite à cette haute étude intellectuelle qui honore le génie de l'homme, afin, de les porter à créer une maçonnerie occulte où toutes ces sciences seraient sérieusement étudiées et professées; en attendant que l'autorité civile, éclairée sur l'importance des bienfaits que l'humanité doit en recueillir, fasse établir des cliniques magnétiques dans les écoles de médecine, où les divers sujets lucides (omni-voyants) seront étudiés, dirigés et classés de manière à en tirer, par une fixation de vue bien amenée, la prévoyance des fléaux qui déciment les hommes, et ruinent les empires, et même du fléau de la guerre.

### Des tables tournantes

Le fluide vital qui émane de la main de l'homme ou de plusieurs mains peut mettre en mouvement des objets inanimés, sans que les objets environnants s'en ressentent. Ce principe appliqué à un vase, à un chapeau, à une table, les anime et soumet leur mobilité aux volontés du magnétiseur. Cette magie du jour en a fait un divertissement plus qu'à la mode, universel, et de cette fluidomanie il pourra résulter un avantage, celui de mettre à la portée de tout le monde le magnétisme qui avait contre lui de nombreux incrédules qu'un simple jeu aura convertis plus facilement que les enseignements de la science.

Voici le procédé:

Les expérimentateurs, assis autour d'une table ont bien soin de n'être en contact entre eux et avec la table qu'au moyen de la chaîne magnétique. Elle consiste à poser (sans appuyer) les mains sur la table, le petit doigt de la main droite reposant sur le petit doigt de la main gauche du voisin, et ainsi de suite.

---

[74] Cf. Jules du Potet de Sennevoy, *Manuel de l'étudiant magnétiseur*, rééd. arbredor.com, 2007 (NDE).

Après un certain nombre de minutes, le fluide commence à pénétrer la table qui rend plus forte l'adhérence des mains à sa surface.

Le chef de la chaîne dont le fluide s'unit à celui des autres personnes en prend la direction, de manière que le meuble n'est dominé que par un seul fluide ou plutôt n'est animé que d'un seul esprit; et la propriété de l'esprit étant le mouvement, la table ne tarde pas à s'agiter; puis, selon la volonté et le caprice de ce chef, et selon la forme de la chaîne, elle tourne à droite ou à gauche, va en avant ou de côté, ou frappe d'un de ses pieds le nombre de coups pensé par lui.

Tous ces exercices peuvent être commandés par la voix, ce qui en rend le spectacle plus extraordinaire (plus magique); mais, au fond, la voix est sans puissance, si elle n'est pas l'expression d'une volonté forte.

La science n'en restera pas là, malgré les docteurs incrédules.

M. Faraday, dans des expériences faites à Londres récemment, a essayé d'affaiblir par des cartons l'effet magnétique, et de prouver que les mains, exerçant une pression latérale sur la table, tendent à la mettre en mouvement et que la pression des doigts est pour quelque chose dans ce mouvement. — Soit; mais ce savant a-t-il prouvé que le mouvement de la table (on n'a pas osé dire la *rotation*) vient uniquement de la pression des doigts? Nullement; ce n'était pas ce qu'il voulait: il préféra s'envelopper dans le silence plutôt que de reconnaître franchement que, même dans ses expériences, l'effet produit (la rotation) dépasse de beaucoup la cause, qui pour lui, n'est que la pression des doigts.

Il faut un bien grand désir que le phénomène n'existe pas, pour arriver, au moyen d'expériences incomplètes, à nier sa réalité. M. Faraday a trop de titres à la considération publique pour avoir besoin de chercher à nier un fait physiologique bien reconnu, par la seule raison que l'état actuel de la science ne permet pas aux savants de l'expliquer[75].

---

[75] A la suite d'un effet bien réussi des tables tournantes, un magnétiste a conçu l'idée d'établir des piles voltaïques sèches, c'est-à-dire sans acide ni étoffe, et qui opèrent parfaitement.

# DEUXIÈME PARTIE :

# MAÇONNERIE PHILOSOPHALE OU INITIATION HERMÉTIQUE

# CHAPITRE XV :

## Préambule

> *« L'initiation était une tradition organisée*
> *et conservatrice des sciences secrètes. »*

Le préambule que nous pensons pouvoir donner à cette troisième partie de l'*Orthodoxie maçonnique*, deuxième partie de la *Maçonnerie occulte*, est simplement un extrait du discours de l'orateur dans le grade hermétique *le Vrai Maçon* ; il s'exprime ainsi :

« La science à laquelle nous vous initions est la première et la plus ancienne ; elle émane de la nature, ou plutôt c'est la nature elle-même perfectionnée par l'art et fondée sur l'expérience. Dans tous les siècles, il y eut des adeptes, et si, de nos jours, des artistes y consument, en vain, leurs biens, leurs travaux et leur temps, c'est que loin d'imiter sa simplicité et de suivre les voies droites qu'elle trace, ils la parent d'un fard qu'elle ne peut souffrir et s'égarent dans un labyrinthe où leur folle imagination les entraîne.

« De là les railleries de ces profanes qui, sans respect pour Dieu, sans estime pour l'art, tournent en dérision nos plus sérieux mystères.

« De là les satires grossières de ces ignorants qui, trop appesantis par leurs sens pour s'élever à la sublimité de nos connaissances, blasphèment tout ce qu'ils ne peuvent comprendre.

« De là le ridicule affecté de ces indolents qui, à moins qu'un esprit habile et une main laborieuse fassent pour eux tous les frais de la découverte et du travail, méprisent tout ce qu'ils n'ont ni la force d'imaginer, ni le courage d'exécuter.

« De là les libelles injurieux de ces téméraires qui, avec une hardiesse pleine de mauvaise foi, osent mettre la vérité et la science hermétique au rang des inventions fabuleuses et des superstitions populaires, sans autre motif que l'envie d'en infirmer l'authenticité, et l'impossibilité d'en détruire le témoignage.

« Abandonnons ces enfants des ténèbres et ces ennemis d'eux-mêmes à toute la honte de leurs idées vaines et inconséquentes. Pour nous, vrais enfants de la lumière et sincères amis de l'humanité, qui voyons la vérité dans nos enseignements, jouissons des avantages et des douceurs qu'elle nous procure. »

## Base de la maçonnerie hermétique

Cette Maçonnerie ou science, qui couronne tout ce que le génie humain a pu concevoir de plus sublime, est appuyée sur trois colonnes :
La FOI : elle doit devancer le travail ;
L'ESPÉRANCE elle l'accompagne ;
La CHARITÉ elle suit le succès du travail.

## Citations hermétiques

Ajoutons, avant d'entrer en matière, quelques extraits d'instructions hermétiques, qui prouveront aux maçons élevés à la maîtrise qu'ils ne comprendront bien le sens caché de leur grade qu'après être initiés à la science d'Hermès, s'ils ont le bonheur, par leur mérite et leurs études, d'y être admis. Ils reconnaîtront aussi, dans les citations cabalistiques qui vont suivre, la concordance frappante des doctrines religieuses avec les doctrines secrètes de hauts initiés, auxquelles elles semblent servir de voile ; ce qui a fait dire à Bacon : « Un peu de science rend sceptique, beaucoup de science rend croyant. »

D. — Êtes-vous suprême commandeur des astres ?
R. — J'ai vu la direction de leurs rayons.

D. — Que signifie la terre qui reçoit les rayons ?
R. — Que, sans elle, nous ne pouvons maçonner et que le feu vivifiant lui est nécessaire.

D. — Que veut dire le corps d'Hiram enterré ?
R. — Que, dans la terre, est renfermé le plus beau des secrets.

D. — Qu'avez-vous rencontré dans la terre ?
R. — La *pierre brute* sur laquelle *trois* était le nombre *sept*.

D. — Que représente encore le tombeau d'Hiram ?
R. — Que la matière première ne peut reproduire qu'après la putréfaction.

D. — Que représente, en loge, le très Fortuné (très Respectable) ?
R. — Hiram ou la matière première qui, après la putréfaction, devient la source vive.

D. — Pourquoi siège-t-il à l'Orient ?
R. — Parce qu'il faut que toute la matière soit exposée aux rayons du soleil, du levant au couchant.

D. — Pourquoi vous a-t-on fait coucher sur le tableau ?
R. — Parce que le très Fortuné représente la matière première dans la putréfaction.

D. — Pourquoi vous a-t-on tiré par le doigt ?
R. — Pour me rappeler que tout bon maçon doit s'assurer si la matière est pourrie, avant de passer à la deuxième opération.

D. — Pourquoi vous tenez-vous en loge les bras croisés ?
R. — Pour témoigner la patience qu'il faut avoir pour parvenir.

D. — Que signifie le mot FORCE sur l'étoile flamboyante ?
R. — La matière noire, indice de la putréfaction.

D. — Que signifie le mot SAGESSE sur la lune ?
R. — La matière blanche, signe de la purification.

D. — Que signifie le mot BEAUTÉ sur le soleil ?
R. — La matière rouge, source de tous biens.

D. — Pourquoi vous a-t-on mis un bandeau sur les yeux ?
R. — Pour me montrer que, quoique maçon, j'étais dans les ténèbres.

D. — Quel âge avez-vous ?
R. — Le nombre quinze (3 + 5 + 7).

## Citations cabalistiques

D. — Pourquoi vous êtes-vous fait recevoir chevalier de la cabale ?

R. —Pour connaître, par les nombres, l'harmonie admirable qu'il y a entre la nature et la religion.

D. —Comment vous êtes-vous annoncé?
R. —Par douze coups.

D. —Que signifient-ils?
R. —Les douze fondements de notre bonheur temporel et spirituel.

D. —Qu'est-ce qu'un cabaliste?
R. —Un homme qui a appris, par la tradition, l'art sacerdotal et l'art royal.

D. —Que signifie la devise: *omnia in numeris sita sunt*?
R. —Que tout gît dans les nombres.

D. —Expliquez-moi cela?
R. —Je vais le faire jusqu'au nombre douze, votre sagacité saisira le reste.

D. —Que signifie l'*unité* dans le nombre 10?
R. —Dieu créant et animant la matière exprimée par *zéro* qui, seul, n'a pas de valeur.

D. —Qu'entendez-vous par l'unité?

| ORDRE MORAL | ORDRE PHYSIQUE |
|---|---|
| R. —Un verbe incarné dans le sein d'une vierge, une religion. | Un esprit corporisé dans une terre vierge, une nature. |

D. —Qu'entendez-vous par le nombre 2?

| | |
|---|---|
| R. —L'homme et la femme. | L'agent et le patient. |

D. —Qu'entendez-vous par le nombre 3?

| | |
|---|---|
| R. —Les trois vertus théologales. | Les trois principes des corps. |

D. —Qu'entendez-vous par le nombre 4?

| | |
|---|---|
| R. —Les quatre vertus cardinales[76]. | Les quatre qualités élémentaires. |

---

[76] Du latin *cardinalis*, formé de *cardo*, gond, ce sur quoi roule ou tourne une chose. Ces quatre vertus sont: Force, Prudence, Tempérance et Justice. Les trois premières ne sont que des qualités utiles à celui qui les possède, et non pas des vertus par rapport au prochain. La justice seule est une vertu utile aux autres; mais il ne suffit pas d'être juste: il faut encore être bienfaisant.

| | |
|---|---|
| D. — Qu'entendez-vous par le nombre 5 ? | |
| R. — La quintessence de la religion. | La quintessence de la matière. |
| D. — Qu'entendez-vous par le nombre 6 ? | |
| R. — Le cube théologique. | Le cube physique. |
| D. — Qu'entendez-vous par le nombre 7 ? | |
| R. — Les sept sacrements. | Les sept planètes. |
| D. — Qu'entendez-vous par le nombre 8 ? | |
| R. — Le petit nombre d'élus. | Le petit nombre de sages. |
| D. — Qu'entendez-vous par le nombre 9 ? | |
| R. — L'exaltation de la religion. | L'exaltation de la matière. |
| D. — Qu'entendez-vous par le nombre 10 ? | |
| R. — Les dix préceptes de la loi. | Les dix préceptes de la nature. |
| D. — Qu'entendez-vous par le nombre 11 ? | |
| R. — La multiplication de la religion. | La multiplication de la nature. |
| D. — Qu'entendez-vous par le nombre 12 ? | |
| R. — Les douze articles de foi. Les douze apôtres, fondement de la cité sainte, qui ont prêché par toute la terre pour notre bonheur spirituel. | Les douze opérations de la nature. Les douze signes du zodiaque, fondement du premier mobile, le répandant par tout l'univers pour notre bonheur temporel. |

Le rabbi (président du Sanhédrin[77]) ajoute : « De tout ce que vous venez de dire, il résulte que l'unité se développe en 2, s'achève en 3 au dedans, pour produire 4 au dehors ; d'où, par 6, 7, 8, 9, elle arrive à 5, moitié du nombre sphérique qui est 10, pour monter, en passant par le nombre 11, au nombre 12 et pour s'élever, par le nombre 4 fois 10, au nombre 6 fois 12, terme et comble de notre bonheur éternel. »

D. — Quel est le nombre génératif ?

---

[77] Du grec *sun*, ensemble, et *hédra*, siège (tribunal juif).

R. — Dans la divinité, c'est l'unité ; dans les choses créées, c'est le nombre 2 ; parce que la divinité 1 engendre 2, et que dans les choses créées, 2 engendre 1.

D. — Quel est le nombre le plus majestueux ?
R. — C'est le nombre 3, parce qu'il dénote la triple essence divine.

D. — Quel est le nombre le plus mystérieux ?
R. — C'est le nombre 4, parce qu'il renferme tous les mystères de la nature.

D. — Quel est le nombre le plus occulte ?
R. — C'est le nombre 5, parce qu'il est renfermé dans le centre des composés.

D. — Quel est le nombre le plus salutaire ?
R. — Le nombre 6, parce qu'il renferme la source de notre bonheur spirituel et temporel.

D. — Quel est le nombre le plus fortuné ?
R. — Le nombre 7, parce qu'il nous conduit à la décade, nombre parfait.

D. — Quel est le nombre le plus à désirer ?
R. — Le nombre 8, parce que celui qui le possède est du nombre des élus et des sages.

D. — Quel est le nombre le plus sublime ?
R. — Le nombre 9, parce que, par lui, la religion et la nature sont exaltées.

D. — Quel est le nombre le plus parfait ?
R. — Le nombre 10, parce qu'il contient l'*unité* qui a tout fait et le *zéro*, symbole de la matière et du chaos, duquel tout est sorti ; il comprend donc, dans sa figure, le créé et l'incréé, le commencement et la fin, la puissance et la force, la vie et le néant. Dans l'étude de ce nombre, se trouve le rapport de toutes choses : la puissance du créateur, les facultés de la créature, l'alpha et l'oméga de la science divine.

D. — Quel est le nombre le plus multiplicatif ?
R. — Le nombre 11, parce que, avec la possession de deux unités, on arrive à la multiplication des choses.

D. — Quel est le nombre le plus solide ?
R. — Le nombre 12, parce qu'il est le fondement de notre bonheur spirituel et temporel.

D. — Quel est le nombre favori de la religion et de la nature ?
R. — Le nombre 4 fois 10, parce qu'il nous met à même, en dégageant tout ce qui est impur, de jouir éternellement du nombre 6 fois 12, terme et comble de notre félicité.

D. — Que signifie le carré ?
R. — Le carré est le symbole des 4 éléments contenus dans le triangle, emblème aussi des 3 principes chimiques ; ces choses réunies forment l'unité absolue dans la matière première.

D. — Que signifie le centre de la circonférence ?
R. — Il signifie l'esprit universel, centre vivificateur de la nature.

D. — Qu'entendez-vous par la quadrature du cercle ?
R. — La recherche de la quadrature du cercle indique celle de la connaissance des quatre éléments vulgaires qui, eux-mêmes, sont composés d'esprits élémentaires ou principes principaux ; de même que le cercle, quoique rond, est composé de lignes, qui échappent à la vue et ne sont saisies que par l'entendement.

D. — A qui appartiennent, comme attribut, le sel, le soufre et le mercure ?
R. — Le sel est l'attribut du Père, le soufre celui du Fils et le mercure celui du Saint-Esprit. De l'action de ces trois résulte le triangle dans le carré, et des sept angles, la décade, nombre parfait.

D. — Quelle est la figure la plus confuse ?
R. — Le zéro, emblème du chaos, mélange informe des éléments.

D. — Que signifient les quatre devises du grade ?
R. — Qu'il faut entendre, voir, se taire et jouir de son bonheur.

# CHAPITRE XI :

## Hermès

L'Égypte vit sortir de son sein un homme d'une sagesse consommée, initié aux connaissances secrètes de l'Inde, de la Perse et de l'Éthiopie, nommé That ou Phtath par ses compatriotes, Taut par les Phéniciens, Hermès Trismégiste par les Grecs et Adris par les rabbins. « La nature semblait l'avoir choisi pour son favori et lui avoir prodigué toutes les qualités nécessaires pour l'étudier et la connaître parfaitement. Dieu lui avait, pour ainsi dire, infusé les sciences et les arts, afin qu'il en instruisît le monde entier. »

Il inventa beaucoup de choses nécessaires à la vie et leur donna des noms convenables ; il enseigna aux hommes la manière d'écrire leurs pensées et de coordonner le discours. Il institua les cérémonies à observer pour le culte de chaque dieu ; il observa le cours des astres ; il inventa la musique, les différents exercices du corps, l'arithmétique, la médecine, l'art des métaux, la lyre à trois cordes ; il régla les trois tons de la voix : l'aigu pris de l'été, le grave pris de l'hiver et le moyen pris du printemps (il n'y avait alors que trois saisons). C'est lui qui apprit aux Grecs la manière d'interpréter les termes et les choses d'où ils lui donnèrent le nom d'Hermès qui signifie interprète.

En Égypte, il institua les hiéroglyphes ; il fit choix d'un certain nombre d'hommes qu'il jugea les plus propres à être dépositaires de ses secrets, et seulement entre ceux qui pouvaient parvenir au trône et aux premières charges des mystères ; il les réunit, les établit prêtres du Dieu vivant[78] ; il les instruisit dans les sciences et les arts et leur expliqua les symboles qui les voilaient. Parmi ces sciences, il y en avait de secrètes qu'il ne leur communiqua qu'à la condition qu'ils s'obligeraient, par un serment terrible, à ne les divulguer qu'à ceux qui, après une longue épreuve, seraient trouvés dignes de leur succéder : les/rois leur défendirent même de les révéler sous peine de la vie. Ce secret se nommait l'art

---

[78] « L'Égypte, 1500 ans avant Moïse, révérait, dans les mystères, un Dieu suprême, appelé le dieu incréé. Elle honorait, en sous-ordre, sept dieux principaux (d'où la semaine, qui signifie sept matins). C'est donc à Hermès, existant 1500 ans avant Moïse, que l'on attribue la vélation ou le voilement du culte (indien), que Moïse révéla ou revoila. Moïse, selon quelques auteurs, ne serait pas le premier écrivain sacré : avant d'être révélateur il y avait donc eu un vélateur. « Moïse n'a voulu changer à la loi d'Hermès que la pluralité de ses dieux mystiques. »

sacerdotal et renfermait l'alchimie, l'astrologie, le magisme (la magie), la science des esprits, etc. Il leur donna la clef des hiéroglyphes de chacune de ces sciences secrètes, lesquels étaient regardés comme sacrés et tenus cachés dans les lieux les plus secrets des temples[79].

Le grand secret qu'observèrent, pendant de longues années, les prêtres initiés et les hautes sciences qu'ils professaient, les firent considérer et respecter de toute l'Égypte, qui fut regardée par les autres nations comme le collège, le sanctuaire des sciences et des arts. Le mystère qui les environnait excitait vivement la curiosité. Orphée se métamorphosa, pour ainsi dire, en Égyptien ; on l'initia à la théologie et à la physique. Il s'appropria tellement les idées et les raisonnements de ses instituteurs, que ses hymnes annoncent plutôt un prêtre égyptien qu'un poète grec, et il fut le premier qui transporta, dans la Grèce, les fables égyptiennes.

Pythagore, toujours envieux d'apprendre, consentit même à souffrir la circoncision pour être du nombre des initiés, et c'est dans le fond du sanctuaire que les sciences occultes lui furent dévoilées.

Les initiés à telle ou telle science, ayant été instruits par des fables, des énigmes, des allégories, des hiéroglyphes, dès qu'il s'agissait de mystères dans leurs récits, ils écrivaient mystérieusement et continuaient à cacher la science sous le voile des fictions.

Quand la destruction de plusieurs villes et la ruine de presque toute l'Égypte par Cambyse, roi de Perse (528 avant notre ère), dispersèrent la plupart des prêtres en Grèce et ailleurs, ils y portèrent leurs sciences qu'ils continuèrent à enseigner énigmatiquement, c'est-à-dire toujours enveloppées dans les ténèbres des fables et des hiéroglyphes, afin que le vulgaire, en voyant, ne vît rien, et en entendant, ne comprît rien. Tous les auteurs puisèrent à cette source ; mais ces mystères, cachés sous tant d'enveloppes inexpliquées, sous tant de fables incomprises, finirent par donner naissance à une foule d'absurdités qui, de la Grèce, se répandirent par toute la terre.

Kircher, dans son *Œdipus aegyptiacus*[80] s'exprime ainsi à l'occasion d'Hermès :

« Il est si constant que ces premiers hommes possédaient l'art de faire de l'or, soit en le tirant de toutes sortes de matières, soit en transmutant les métaux, que celui qui douterait ou qui voudrait le nier, se montrerait parfaitement ignorant dans l'histoire. Les prêtres, les rois et les chefs de famille en étaient les seuls ins-

---

[79] Nous donnons, dans les *Fastes initiatiques*, le sceau d'Hermès (hiéroglyphe universel).
[80] T. II, p. 2, *De Alchym.*, c. 1.

truits. Cet art fut toujours conservé dans un grand secret, et ceux qui en étaient possesseurs gardèrent toujours un profond silence, de peur que les laboratoires et le sanctuaire les plus cachés de la nature, étant découverts au peuple ignorant, il ne tournât cette connaissance au détriment et à la ruine de la République. L'ingénieux et prudent Hermès, prévoyant ce danger qui menaçait l'État, eut donc raison de cacher cet art de faire de l'or sous les mêmes voiles et les mêmes obscurités hiéroglyphiques, dont il se servait pour cacher au peuple profane la partie de la philosophie qui concernait Dieu, les anges et l'univers. »

Il fallait l'évidence et la force de la vérité pour arracher de tels aveux à ce très savant père qui, dans maintes circonstances, a combattu la pierre philosophale.

Tout lecteur impartial pensera comme lui, non seulement s'il étudie l'histoire, mais s'il cherche à se rendre compte comment les monuments extraordinaires, les temples magnifiques, les palais somptueux, les travaux immenses qui couvraient le sol de l'Égypte, avaient pu être conçus, entrepris et exécutés. L'or du monde, à cette époque, n'y eût pas suffi.

Mais cet or, amoncelé pour cet usage, sortait des laboratoires sacrés. Les prêtres, les initiés et les rois étaient d'accord: ils concevaient, c'était vouloir, et les travaux les plus gigantesques, les édifices les plus grandioses s'élevaient, sans bruit, à la satisfaction des populations étonnées et à la gloire de la science et des cités dont elle fondait l'opulence.

Pline n'a-t-il pas dit que les rois d'Égypte, dans leur magnificence ne faisaient élever ces merveilles du monde, qu'afin d'employer leurs richesses immenses? — D'où provenaient-elles, si ce n'est de l'art hermétique?

Sémiramis fit ériger, à Babylone, un temple en l'honneur de Jupiter, au haut duquel elle fit placer trois statues d'or de 40 pieds de haut, représentant Jupiter, Junon et la déesse Ops, pesant chacune 1.000 talents babyloniens, à l'exception de celle de Junon, qui n'en pesait que 800. Il y avait deux lions et deux serpents d'argent, chaque figure, d'une grosseur énorme, pesant 30 talents; et, dans une salle, une table d'or longue de 40 pieds, large de 12, pesant 50 talents. La statue d'Ops tenait à la main droite une tête de serpent et dans l'autre un sceptre de pierre. Fait-on des sceptres de pierre à une statue d'or? Non. Ce serait donc ridicule, si ce n'était pas symbolique. Mais la déesse Ops (richesse) était une représentation hermétique, il était naturel de la figurer ainsi, parce que l'or des philosophes est appelé pierre, et leur mercure serpent. Ops ou la terre, qui en était la matière, tenait en main ces deux symboles pour indiquer qu'elle contenait ces deux principes de l'art, qui, étant la source des richesses, en fit regarder Ops comme la déesse (d'où vient *opulentia*, opulence). Les deux lions et les deux serpents complètent l'allégorie, puisqu'ils signifient les principes matériels de l'œuvre pendant l'opération alchimique.

Jupiter et Junon, frère et sœur, se trouvaient dans cette salle, avec leur grand'mère (Ops) et devant une table d'or commune aux trois, parce qu'ils sortent du même principe aurifique, dont on extrait deux choses : une humidité aérienne et mercurielle, et une terre fixe, ignée, qui, réunies, ne font qu'une et même chose, appelée or hermétique, commun aux trois, puisqu'il en est composé.

C'est ici le lieu de remarquer combien toutes ces somptuosités, répandues avec profusion, avaient enrichi le peuple même : reportons-nous à la fuite des Juifs, quand Moïse leur ordonna (probité à part) de dérober les vases d'or et d'argent de leurs hôtes. Ces juifs étaient esclaves, pauvres, sales et lépreux, ils ne pouvaient loger que chez les plus minimes du peuple, et si ces gens de la dernière classe avaient des vases d'argent et d'or, que devaient donc avoir les classes supérieures, les prêtres et les Pharaons ?

Mais, dira-t-on, comment ceux qui, dans les Temps modernes, passaient pour avoir possédé cette science, ont-ils vécu sans faste et sont-ils morts sans laisser de grandes richesses ?

Ils s'en seraient bien gardés : cette science commande la discrétion, la bienfaisance et la modestie. En effet, qu'un philosophe se révèle, qu'il guérisse un moribond, comme par miracle ; que ses bienfaits (aumônes, secours, largesses, etc.) soient connus, tous ceux qui doutaient ou ne croyaient pas (n'a-t-on pas nié l'algèbre, quand elle fut créée ?) soupçonneront : le philosophe sera assailli ; sa vie sera en danger ; il sera poursuivi par les malades, par les indigents, et, ce qu'il y a de pire, par les avares, les ambitieux, les inventeurs, etc. Il devra s'exiler, et se cacher ou vivre obscurément comme avant de se faire découvrir par un bienfait imprudemment accordé.

Citons ce que le docte P. Kircher dit de l'élixir philosophique ou médecine dorée ; il continue ainsi :

« Les Égyptiens n'avaient point en vue la pratique de cette pierre, et s'ils touchent quelque chose de la préparation des métaux, et qu'ils dévoilent les trésors les plus secrets des minéraux, ils n'entendaient pas pour cela ce que les alchimistes anciens et modernes entendent (eh bien ! dites-nous donc ce qu'ils entendaient !) ; mais ils indiquaient une certaine substance du monde inférieur analogue au soleil, douée d'excellentes vertus et de propriétés si surprenantes qu'elles sont fort au-dessus de ce que peut comprendre l'intelligence humaine ; c'est-à-dire une quintessence cachée dans tous les mixtes, imprégnée de la vertu de l'esprit universel du monde, que celui qui, inspiré de Dieu et éclairé de ses divines lumières, trouverait le moyen d'extraire, deviendrait, par son moyen, exempt de toutes infirmités et mènerait une vie pleine de douceurs et de satisfactions. »

Nous allons passer à l'interprétation philosophique des symboles, hiéroglyphes et fables sous lesquels ont été voilées, de bien des manières, les opérations de l'œuvre hermétique. Sous ce point de vue, nous examinerons succinctement, l'histoire d'Osiris, d'Isis et d'Horus renfermant celle de Typhon ; nous donnerons un précis de l'art sacerdotal, indiquant toutes les opérations de l'œuvre ; la signification du bœuf Apis, celle de divers animaux symboliques, enfin l'explication de diverses plantes hiéroglyphiques, dont beaucoup de monuments religieux portent encore aujourd'hui des traces incomprises. Nous pensons devoir en parler pour faciliter aux lecteurs peu initiés l'intelligence de ces représentations, dont la plupart figurent sans but, n'étant plus comprises par les constructeurs eux-mêmes, qui, depuis des siècles, ont perdu la clef de ces symboles.

# CHAPITRE XVII :

## Interprétations philosophiques

Hermès le trois fois Grand, ce dieu des idées et de l'écriture, de l'intelligence et de la pensée, de la civilisation et de la société[81], a inventé l'histoire d'Osiris, d'Isis et d'Horus, et en a institué le culte sous le nom de Mercure : elle est allusive à l'œuvre hermétique.

**Filiation d'osiris, isis et orus ou horus, etc.**

La matière de l'œuvre est le principe radical de tout, principe actif et formel de l'or qui devient l'or philosophique par les opérations de l'œuvre, imitées de celles de la nature. Cette matière, formée dans les entrailles de la terre, y est portée par l'eau des pluies, animée de l'esprit universel répandu dans l'air, et cet esprit tire sa fécondité des influences du soleil et de la lune, qui sont alors le père et la mère de cette matière. La terre est la matrice où cette semence est déposée et se trouve être sa nourrice. L'or qui s'en forme est le soleil terrestre. Cette matière ou sujet de l'œuvre est composée de deux substances, l'une fixe, l'autre volatile : la pemière, ignée et active ; la seconde, humide et passive, auxquelles on a donné les

---

[81] Après l'homme divinisé (Hermès) vint le prêtre-roi : Ménès fut le premier législateur et fondateur de Thèbes aux cent palais ; il remplit cette ville de magnificences ; de lui date l'époque sacerdotale de l'Égypte. Les prêtres régnaient, car ils faisaient les rois. On dit qu'il y en eut après lui trois cent vingt-neuf qui sont restés inconnus. Ils les choisissaient parmi eux ou parmi les guerriers ; mais le guerrier choisi devenait prêtre sur-le-champ. Ce prêtre couronné n'était qu'un esclave déifié qu'on présentait à l'admiration des peuples. Fatigués de régner si servilement les rois s'émancipèrent. Alors parut Sésostris, fondateur de Memphis (1643 ans, dit-on avant notre ère). A l'élection sacerdotale succéda l'hérédité des guerriers sur le trône. De ce héros qui porta le nom de l'Égypte par le monde, date l'époque politique de ce royaume. Il y eut plusieurs Sésostris. Chéops, qui régna de 1178 à 1122, fit élever la grande pyramide qui porte son nom. Il passe pour avoir persécuté la théocratie et fait fermer les tempes. Enfin à la suite d'une invasion éthiopienne et d'un gouvernement fédératif de douze chefs, la royauté tomba entre les mains d'Amasis, homme du peuple, soldat aventureux et habile, ministre d'Apriès, qu'il détrôna et fit mourir 570 ans avant Jésus-Christ. Plus soucieux des plaisirs de la table que des traditions sacerdotales, il anéantit le pouvoir des prêtres. Il s'était soumis à Cyrus, mais il se révolta contre son successeur Cambyse II, qui envahit l'Égypte. Amasis mourut avant la conquête de son royaume, vers 525, trois ans avant son vainqueur. Ainsi périt cette théocratie antique qui, pendant tant de siècles, montra avec orgueil ses prêtres couronnés à l'Égypte et au monde.

noms de Ciel et Terre, Saturne, et Rhée, Osiris et Isis, Jupiter et Junon. Le principe igné qu'elle renferme est nommé Vulcain, Prométhée, Vesta, etc. C'est ainsi que Vulcain et Vesta, qui est le feu de la partie humide et volatile, sont père et mère de Saturne, ainsi que le Ciel et la Terre, parce que les noms de ces dieux ne se donnent pas seulement la matière encore crue prise avant la préparation, mais encore pendant cette préparation et les opérations qui la suivent. Quand la matière devient noire, elle est le Saturne philosophique, fils de Vulcain et de Vesta, qui sont eux-mêmes enfants du Soleil. Si après le noir la matière devient grise : c'est Jupiter ; blanche, c'est la Lune, Isis, Diane ; rouge, c'est Apollon, Phébus, le Soleil Osiris : Jupiter est donc fils de Saturne et père d'Isis et d'Osiris. Mais la couleur grise n'étant pas une des principales de l'œuvre, les philosophes, pour la plupart, n'y ont pas égard et passent de la noire à la blanche et rapprochent, de Saturne Isis et Osiris, qui deviennent ses enfants premiers-nés ; ils sont donc frère et sœur, soit qu'on les regarde comme principes de l'œuvre, soit qu'on les considère comme enfants de Saturne ou de Jupiter. De plus, Isis se trouve mère d'Osiris, puisque la couleur rouge naît de la blanche, et ils sont époux, puisqu'ils accomplissent ensemble l'œuvre, c'est-à-dire qu'ils produisent le soleil philosophique, appelé Horus, Apollon ou soufre des sages, formé des deux substances fixe et volatile, réunies en un tout fixe, nommé Orus ou Horus.

Les philosophes ne commencent guère leurs traités et leurs récits qu'à la seconde opération. Comme l'or ou le soleil philosophique est fait et qu'il faut l'employer pour base du second œuvre, alors le soleil se trouve être premier roi d'Égypte. Il contient, dans son sein, le feu de nature qui, agissant sur les matières, produit la putréfaction et la noirceur : voilà encore Vulcain fils du Soleil et Saturne fils de Vulcain. Osiris et Isis viendront ensuite, puis Orus, par la réunion de son père et de sa mère.

C'est à cette seconde opération qu'on applique cette expression des adeptes : il faut marier la mère avec le fils, c'est-à-dire qu'après sa première coction, on doit le mêler avec la matière crue dont il est sorti et le cuire de nouveau jusqu'à ce qu'ils soient réunis et ne fassent qu'un. Pendant cette opération, la matière crue dissout et putréfie la matière digérée : c'est la mère qui tue son enfant et le met dans son ventre pour renaître et ressusciter. Pendant cette dissolution, les Titans tuent Osiris, mais sa mère le ramène de la mort à la vie, et, moins affectionné envers Isis qu'elle est envers lui, il fait mourir sa mère et règne à sa place ; c'est-à-dire que le fixe ou Orus fixe le volatil ou Isis, qui l'avait volatilisé ; car, dans le langage des philosophes, tuer, lier, fermer, inhumer, congeler, coaguler ou fixer sont des termes synonymes, de même que donner la vie, ressusciter, ouvrir, délier, voyager, signifient la même chose que volatiliser.

Osiris et Isis sont donc, à juste titre, réputés les principaux dieux de l'Égypte avec Horus, qui règne le dernier, puisqu'il est le résultat de tout l'art sacerdotal. C'est peut-être ce qui l'a fait confondre avec Harpocrate, dieu du secret et du silence, parce que l'objet de ce secret n'est autre qu'Orus, appelé le soleil ou l'Apollon des philosophes. Les Égyptiens le représentaient sur leurs monuments sous la figure d'un enfant (quelquefois emmailloté) entre les bras d'Isis qui l'allaite, parce que Orus est l'enfant philosophique né d'Isis et d'Osiris, de la femme blanche et de l'homme rouge.

Ces explications bien succinctes peuvent aider à pénétrer dans l'obscurité des fables anciennes [82] qui font mention d'adultères, d'incestes de père avec sa fille (Cynire avec Mirrha) du fils avec sa mère (Œdipe avec Jocaste), du frère avec la sœur (Jupiter et Junon), etc. Les patricides, les matricides ne sont que des allégories inintelligibles, dévoilées par la connaissance de l'œuvre, et non des actions qui révoltent l'humanité.

## Histoire d'osiris

Ce dieu (chimique) forme le dessein d'aller conquérir toute la terre ; il assemble une armée composée d'hommes, de femmes, de satyres, de musiciens et de danseuses, et se met en tête d'apprendre aux hommes ce qu'ils savaient déjà.

Quoique Osiris connût parfaitement la prudence et la capacité d'Isis, pour gouverner ses États pendant son expédition, il laissa Mercure auprès d'elle ; il sentait la nécessité d'un tel conseiller, puisque c'est le Mercure des philosophes sans lequel on ne peut rien faire au commencement, au milieu, ni à la fin de l'œuvre. Constitué gouverneur de tout l'empire, c'est lui qui, de concert avec Hercule, ou l'adepte, doit tout diriger, tout conduire et tout faire. C'est pour Orus que Osiris entreprend ce voyage long et pénible.

Les deux œuvres qui font l'objet de l'art sacerdotal sont représentés ici, savoir :

Le premier, dans cette expédition d'Osiris, dont celle de Bacchus, qui lui est identique, n'est que la reproduction.

Le second, dans la mort d'Osiris, dans les honneurs qui lui sont rendus et

---

[82] Ce qui rend souvent pénible l'interprétation des fables anciennes et ce qui cause la variété des généalogies chez les divers mythographes, c'est cette multiplicité des manières de considérer un même objet. Tout, dans la nature, se réduit à une seule cause, à un seul principe ; mais ce principe est susceptible de tant de formes, de tant de modifications, de tant d'états divers et successifs, que, si l'on ne s'applique à les saisir au moyen de l'art magnétique ou de l'astronomie, on ne pourra jamais débrouiller le chaos des mythologies anciennes.

dans son apothéose. Par le premier, on fait la pierre ; par le second, on forme l'élixir.

Le coffre, où ce prince est renfermé, est le vase philosophique scellé hermétiquement. Typhon et ses complices sont les agents de la dissolution. La dispersion de ses membres indique la volatilisation de l'or philosophique ; leur réunion exprime la fixation ; elle a lieu, par les soins d'Isis ou la terre qui, comme un aimant, disent les philosophes, attire à elle les parties volatilisées. Alors, Isis aidée de son fils Horus, combat Typhon, le tue, règne glorieusement et se réunit enfin à son époux dans le même tombeau, c'est-à-dire que la matière dissoute se coagule et se fixe dans le même vase.

Osiris, mort, est jeté dans la mer, c'est-à-dire submergé dans l'eau mercurielle ou la mer des philosophes. Isis ne trouve le corps de son mari que dans la Phénicie, sous un tamarin, parce que la partie volatile ne se réunit avec la fixe que lorsque la blancheur survient. Or, les fleurs du tamarin sont branches et ses racines rouges. Cette dernière couleur est même indiquée dans le mot Phénicie, qui signifie rouge, couleur pourpre.

On représentait ordinairement Isis tenant un sistre (symbole de l'œuvre) avec un vase ou petit seau à la main ou près d'elle, ou bien une cruche sur la tête, pour signifier qu'elle ne pouvait rien faire sans l'eau mercurielle, ou le Mercure qu'on lui avait donné pour conseil[83].

## Typhon

Rappelons que l'humide radical est, dans les mixtes, le siège et la nourriture du feu naturel ou céleste et devient comme le lien qui l'unit avec le corps élémentaire ; cette vertu ignée, qui est comme la forme et l'âme du mixte, fait office de mâle (Osiris) ; et l'humeur radicale fait, en tant qu'humide, la fonction de femelle (Isis) : ils sont donc comme frère et sœur, et leur réunion, constitue la base du mixte. Mais les mixtes ne sont pas composés du seul humide radical, il entre, dans leur formation, pour les compléter, des parties homogènes, impures

---

[83] Isis était quelquefois représentée sous la forme d'un navire avec sept pilotes ; emblème des sept jours de la semaine. C'est sous cette forme que les Suèves, nation septentrionale, l'adoraient. Les Manichéens honoraient Osiris et Isis sous la forme de deux navires. Paris était appelé *Lucolotia* ou *Lutetia* ; en hébreu, *lukotaîm* veut dire bateaux. Leukothoé était une déesse de la mer. Isis était la déesse des Parisii (Parisiens), et les armes de la capitale sont encore un navire antique. Clovis, fondateur de l'ancienne église Sainte-Geneviève (qui engendre la vie), lui donna les biens des prêtres d'Isis, c'est-à-dire le territoire situé entre Paris et le village d'Isis, actuellement Issy. On voyait, encore en 1514, la figure de l'universelle Isis dans l'abbaye de Saint-Germain-des-Prés Le cardinal Briçonnet fit briser cette figure vénérée, par le peuple.

et terrestres, qui portent le principe de la corruption et de la destruction, à cause de leur soufre combustible et corrosif, qui agit sans cesse sur le soufre pur et incorruptible. Ces deux soufres ou feux sont donc deux frères, mais deux frères ennemis ; et, par la destruction journalière des individus, on a lieu de se convaincre que l'impur l'emporte sur le pur : est le mauvais principe (Typhon) aux prises avec le bon principe (Osiris).

On a dû faire de Typhon un monstre effroyable, toujours disposé à faire du mal et qui avait même l'audace de faire la guerre aux huit grands dieux de l'Égypte (les sept métaux et leur principe). Les dieux avaient donné leurs noms aux métaux, qui abondent en ce soufre impur et combustible qui les ronge, en les faisant tourner en rouille chacun dans son espèce.

Typhon, né de la terre, mais de la terre grossière, étant le principe de la corruption qui ne s'opère que par la solution, doit causer la mort d'Osiris. Les plumes qui couvraient la partie supérieure du corps de Typhon, et sa hauteur qui portait sa tête jusqu'aux nues, indiquent sa volatilité et sa sublimation en vapeurs. Ses cuisses, ses jambes couvertes d'écailles et les serpents qui en sortent de tous côtés sont le symbole de son aquosité corrompante et putréfactive. Le feu qu'il jette par la bouche marque son adustibilité corrosive, et désigne sa fraternité supposée avec Osiris, feu caché, naturel et vivifiant, tandis que l'autre est un feu destructif appelé le tyran de la nature et le fratricide du feu naturel. Les serpents sont l'hiéroglyphe ordinaire de la dissolution et de la putréfaction ; aussi, convient-on que Typhon ne diffère point du serpent Python, tué par Apollon, et l'on sait qu'Apollon et Horus étaient pris pour le même dieu, et que Python est l'anagramme de Typhon.

Ce monstre ne se contenta pas de faire mourir son frère Osiris, il précipita son neveu Horus dans la mer, avec le secours d'une reine d'Éthiopie (la noirceur). Enfin, Isis ressuscita Horus, c'est-à-dire que l'Apollon philosophique, après avoir été dissous, putréfié et devenu noir, passa de la noirceur à la blancheur appelée résurrection ou vie nouvelle.

Le fils et la mère se réunirent alors pour combattre Typhon ou la corruption, et, l'ayant vaincu, ils régnèrent glorieusement, d'abord Isis (la blancheur), ensuite, Horus (la rougeur). Ce n'est qu'à l'aide de la chimie hermétique qu'il est possible d'expliquer toutes ces fables [84].

---

[84] Typhon signifie, comme Eve, serpent et vie : par sa forme, le serpent symbolise la vie qui circule dans toute la nature. Quand, à la fin de l'automne, la femme des constellations semble (sur la sphère chaldéenne) écraser de son talon la tête du serpent, cette figure pronostique la saison d'hiver, pendant laquelle la vie paraît se retirer de tous les êtres et ne plus circuler dans la nature. Voilà pourquoi Typhon (anagramme de Python) signifie aussi serpent, symbole hivernal qui,

## Anubis

Anubis fut, selon Diodore de Sicile (lib. 1), un de ceux qui accompagnèrent Osiris dans son expédition des Indes, il était son capitaine des gardes et portait pour habillement de guerre une peau de chien. Le père Kircher, avec le ton tranchant qui ne lui convient point en cette matière, a, disent les philosophes modernes, confondu, très mal à propos, ainsi que d'autres auteurs, Mercure Trismégiste avec Anubis, en s'imaginant que les Égyptiens l'avaient représenté sous la figure d'Anubis. Arrêtons-nous à la description d'Apulée : « Anubis est l'interprète des dieux du ciel et de ceux de l'enfer ; il a la face tantôt noire, tantôt de couleur d'or ; il tient élevée sa grande tête de chien, portant de la main gauche un caducée, et de la droite une palme verte qu'il semble agiter. »

Explication : Osiris et Isis symbolisent la matière hermétique formant un même sujet composé de deux substances, la mâle ou l'agent, et le principe passif ou la femelle. Osiris était le même que Sérapis ou Ammon à la tête de bélier, parce qu'il est d'une nature chaude. Isis, prise pour la lune, avait une tête de taureau, animal pesant et terrestre, dont les cornes représentent le croissant. On représentait Anubis entre Sérapis et Apis, pour indiquer qu'il est composé des deux, ou qu'il en vient. Il est donc fils d'Osiris et d'Isis, car cette matière, composée de deux substances, se dissout dans le vase chimique en eau mercurielle, qui est le mercure philosophique ou Anubis. Comme Typhon et sa femme Nephté, principes de destruction, ont causé cette dissolution, on dit qu'Anubis est, occasionnellement, fils de ce monstre et de sa femme, quoiqu'il soit, généralement, né d'Osiris et d' Isis ; ce qui a fait dire à Raymond Lulle : « Notre enfant a deux pères et deux mères. »

Le chien étant, en Égypte, le symbole d'un secrétaire ou ministre d'État, on a coiffé Anubis de la tête de cet animal, pour indiquer qu'il conduit tout l'intérieur de l'œuvre, de même que le caducée le fait connaître pour Mercure. La face tantôt noire, tantôt couleur d'or, que lui donne Apulée, exprime clairement les couleurs de l'œuvre (V. ci-après : *Animaux symboliques*, le Chien).

---

dans les temples catholiques, est représenté entourant le globe terrestre, que surmonte la croix céleste, emblème de rédemption. —Si le mot Typhon dérive de *Tupoul*, il signifie un arbre qui produit des pommes (*mala*, les maux), origine judaïque de la chute de l'homme. Typhon veut dire aussi qui supplante, et signifie les passions humaines qui chassent de notre cœur les leçons de la sagesse. Dans la fable égyptienne, Isis écrit la parole sacrée pour l'instruction des hommes et Typhon l'efface à mesure. Au moral, il signifie orgueil, ignorance, mensonge.

# CHAPITRE XVIII :

## De l'alchimie ou philosophie hermétique

> *« Tout est dans tout. »*
> Dogme panthéiste

L'étude de la nature, de ses révolutions mystérieuses, de sa puissance génératrice et les observations, réitérées qui en résultèrent, ont produit une science, pleine d'attrait, qui, dans le moyen âge, fut nommée alchimie (chimie transcendentale) ou philosophie hermétique, du nom du plus grand de tous les sages, Hermès Trismégiste[85], fondateur de la religion égyptienne et le premier philosophe qui, dans l'intérieur des pyramides, enseigne les sciences occultes, c'est-à-dire la connaissance de l'homme, de la nature et de Dieu. — Toutes ces sciences faisaient la base secrète de la sagesse religieuse des sanctuaires de l'Orient. Les prêtres égyptiens avaient placé aux portes de leur sanctuaire des sphinx et des gryphes, symbole du silence et de l'impénétrabilité dont les mystères devaient sans cesse être enveloppés[86]. Selon les cabalistes, la Syrie et la Chaldée auraient été le berceau de cette science et, de ce centre commun, elle se serait propagée sur tout le globe.

### Art sacerdotal

Cherchez, vous trouverez.

Tel est le nom que portait, chez les Égyptiens, la science hermétique.

Cette science a eu contre elle, et a encore des préjugés ; mais, des préjugés ne sont pas des preuves, dit Pernety ; et il suffit que sa possibilité ne soit pas rejetée

---

[85] Du grec, *tris* trois fois, et *mégas*, grand.
[86] Démocrite a trouvé à Memphis une Juive curieuse appelée Marie (Marie l'Égyptienne) elle avait été instruite par les Égyptiens, 470 ans avant Jésus-Christ. Son traité sur la Philosophie hermétique est imprimé dans les recueils. Ainsi, Marie qui, d'après quelques auteurs, disait au peuple hébreu qu'elle parlait à l'Éternel, comme Moïse, ne fut pas la sœur de ce législateur, ainsi que le marquent quelques éditions (V. le *Livre rouge*, p. 58), et les calendriers hébraïques, le 10 du mois nisan.

par la raison pour qu'il soit au moins téméraire de déclarer ses résultats impossibles. « Si la chose est, comment est-elle ? si elle n'est pas comment n'est-elle pas[87] ? »

La source de la santé et des richesses, deux bases sur lesquelles est appuyé le bonheur de la vie, sont l'objet de cet art, qui fut toujours un mystère.

Dans le système des philosophes hermétiques, on scrute avec soin la nature pour découvrir les principes constituants des corps, pour connaître le mode et les divers degrés de leur génération. On y apprend à connaître chaque chose par sa cause et à distinguer les parties accidentelles qui ne sont pas de sa nature.

C'est une science dont le résultat tient du miracle dans lui-même et dans ses effets. Voilà pourquoi les possesseurs d'un si beau secret l'ont voilé des ombres des hiéroglyphes, des fables, des allégories, des énigmes, pour en dérober la connaissance au vulgaire ; ils n'ont écrit que pour les initiés et les élus.

Les brahmanes, aux Indes ; les gymnosophistes, en Éthiopie les mages, chez les Persans ; les prêtres, chez les Égyptiens, les mecubales et les cabalistes, chez les Hébreux ; les Orphée, les Homère, les Thalès, les Pythagore, les Platon, les Porphyre, parmi les Grecs ; les druides, parmi les Occidentaux ; les Artéphius, les Morien, etc., n'ont parlé des sciences secrètes que par énigmes et par allégories ; s'ils avaient dit quel était le véritable objet de leurs travaux d'art, il n'y aurait plus eu de mystères et le sacré eût été mêlé avec le profane.

La médecine, l'art de guérir, est la science du bien et du mal ; elle apprend à connaître la vertu des métaux et des plantes, à étudier les poisons dont l'emploi prudent peut produire des cures merveilleuses. Cet art ne peut être confié qu'à des hommes discrets, et l'on sent la nécessité d'une promesse solennelle.

Il est certain que la transmutation des métaux était, ainsi que la médecine universelle, au rapport d'Orphée, d'Homère et d'autres, le but des opérations secrètes de l'antique initiation, surtout en Égypte, et de quelque école de sagesse, comme celle de Thalès, de Pythagore. Aussi, ont-ils voilé leurs opérations, pour en assurer la perpétuité, dans des récits allégoriques dont l'ensemble forme cette collection de fables intelligibles aux seuls initiés et que de graves auteurs ont pris pour de l'histoire, dont le sens, dans leurs explications obscures, restait insoluble. Tels étaient l'histoire d'Osiris, d'Isis et d'Horus ; celle de Typhon, du bœuf Apis, la conquête de la Toison d'Or, le retour des Argonautes, les pommes d'or du jardin des Hespérides ; l'histoire d'Atalante, l'âge d'or, les Pluies d'or, etc., qui ne peuvent s'expliquer que par l'hermétisme ou par l'astronomie, comme la fable de la guerre de Troie : l'enlèvement de la belle Hélène (nom de la lune), par le jeune

---

[87] Avicenne.

et beau Pâris (soleil du printemps), au vieux Ménélas (soleil d'hiver). L'intervention des divinités de l'Olympe par les poètes, même avant Homère, a donné à cette dernière fiction une importance à faire croire que le fond en était vrai.

Salomon n'a-t-il pas clairement exprimé ce double résultat de l'œuvre hermétique, en parlant, dans ses proverbes (ch. 3, v. 5), de cette sagesse qui tient, dans sa droite, la longueur des jours (la santé) et, dans sa gauche, les richesses et la gloire ?

C'est ce qui a fait dire qu'il n'y a que deux sortes de sciences : la religion, la science de Dieu, et la physique, la science de la nature ; les autres n'en sont que les branches ; il y en a de bâtardes qui, à l'exception des sciences exactes qui aident l'homme à tout connaître, sont plutôt des erreurs que des sciences.

L'alchimie est l'art de travailler les principes secondaires ou la matière principiée des choses, pour les perfectionner par des procédés convenables à ceux de la nature. L'alchimie est donc une opération de la nature aidée par la nature. Aussi, cette science met-elle aux mains de l'initié la clef de la magie naturelle, la physique.

L'ouvrage long est toujours celui de la nature, qui a le temps et l'éternité à sa disposition. L'ouvrage de l'art est beaucoup plus court, il avance et facilite les démarches de la nature. Il opère comme elle, simplement, successivement et toujours par les mêmes voies, pour produire les mêmes choses : Dieu et la nature se plaisent dans l'unité et la simplicité.

La première matière des métaux, dit, après les Arabes, Albert-le-Grand, évêque de Ratisbone, est un humide onctueux, subtil, incorporé et mêlé fortement avec une matière terrestre.

Les philosophes hermétiques regardent le grand-œuvre comme une chose naturelle dans sa matière et dans ses opérations, mais surprenante dans les découvertes qu'on y fait.

Ce qui a décrié cette science, ce sont ces nombreux chimistes bâtards qui, sous les noms de souffleurs, brûleurs de charbon, chercheurs de pierre philosophale, lesquels réduisent tout à rien, ont fait appliquer, à leur fausse science, le proverbe, vrai pour eux : *Alchimia est ars, cujus initium laborare, medium mentiri, finis mendicare.*

« L'œuvre philosophique demande plus de temps et de travail, dit d'Espagnet, que de dépenses, car il en reste très peu à faire à celui qui a la matière requise. Ceux qui demandent de grandes sommes pour le mener à sa fin ont plus de confiance dans les richesses d'autrui que dans la science de cet art. » —En effet, la matière de l'art, disent les auteurs, est de vil prix ; le feu pour la travailler est peu coûteux, et il n'est besoin que de deux vases et un fourneau.

Un chimiste instruit, un Dumas, un Faraday, ne nierait pas, aujourd'hui, la possibilité de faire de l'or, de la pierre philosophale; et nous sommes porté à penser que quelques-uns de leurs travaux particuliers tendent à sa recherche; mais le préjugé les rend muets. C'est ce préjugé qui a porté à écrire contre l'alchimie et l'astrologie Roger Bacon qui, dans ses investigations mystérieuses de l'hermétisme, découvrit la pondre à canon dont il exagéra ridiculement les effets, dans son enthousiasme; et qui fut conduit par ses recherches astrologiques à la découverte du télescope[88].

On ne trouve la vérité, dans les livres d'alchimie, qu'au seul point où les auteurs s'accordent et qu'il faut bien saisir, car ils ne peuvent oser dire la vérité qu'en une chose, tout le reste se symbolise sous des fictions diverses, qui ne s'accordent pas et que comprennent seuls les initiés.

Ces auteurs, pour mieux dérouter les curieux, commencent ordinairement leurs traités à la seconde opération et lorsqu'ils supposent leur soufre et leur mercure déjà faits; de là, toutes les anciennes fables, allégories, énigmes, etc.

Les philosophes hermétiques donnent cette clef de la nature: « De toutes choses matérielles il se fait de la cendre; de la cendre on fait un sel; du sel, on sépare l'eau et le mercure; du mercure; on compose un élixir, une quintessence. »

On met donc le corps en *cendre*, pour le nettoyer de ses parties combustibles; en *sel*, pour être séparé de ses terrestréités; en *eau*, pour se putréfier, et en *esprit* pour être quintessencié.

La connaissance des sels, voilà la clef de l'art au moyen de laquelle il imite la nature dans ses opérations. L'adepte doit connaître leur sympathie et leur antipathie avec les métaux.

Il n'y a proprement qu'un sel; mais il se divise en trois sortes pour former le principe des corps: nitre, tartre et vitriol (style ancien); tous les autres en sont composés.

Du nitre et du tartre (qui est le même nitre plus cuit) se forment les végétaux. Le Vitriol est le même sel nitre qui, ayant passé par la nature du tartre, devient

---

[88] Ce célèbre moine anglais né à Ilchester en 1214, étudia à Oxford et à Paris où il acquit une instruction supérieure à son siècle surtout dans les sciences occultes et dans l'étude du magisme, qui lui valurent le surnom de docteur admirable. Accusé de sorcellerie, il fut mis en prison et y resta jusqu'à l'avènement de Clément IV. Persécuté de nouveau à la mort de ce pape, il fut enfermé pendant dix ans au couvent des franciscains de Paris. Mis en liberté, il mourut peu de temps après, en 1294. On lui attribue l'invention des verres grossissants, de la pompe à air, d'une substance combustible analogue au phosphore et surtout la méthode expérimentale qu'il pratiquait, etc. Il a laissé, qui nous concerne, *Epistola de secretis operibus naturae et artis, et de nullitate magi*, Paris, 1542; ce dernier titre apostatique ne le préserva pas d'un second emprisonnement.

sel minéral par une cuisson plus longue à un feu plus ardent. Il abonde dans les concavités de la terre, où il se réunit avec un fluide visqueux qui le rend métallique.

De la vapeur de ces sels se fait le mercure, dit semence minérale. De ce mercure et du soufre sont faits, dans la terre, tous les métaux. C'est la diversité du soufre et du mercure qui y forme la nombreuse famille du règne minéral. Les pierres, les marcassites et les autres métaux diffèrent entre eux suivant la différence des combinaisons, des matières et des degrés de cuisson.

Il n'y a, dans toute la nature, qu'un seul principe et, dans l'humide radical des corps mixtes, qu'un seul esprit fixe, composé d'un feu très pur et incombustible, il est plus parfait dans l'ore dans toute autre chose, et le seul mercure des philosophes a la propriété de le tirer de sa prison, de le corrompre et de le disposer à la génération. L'argent vif (qu'il ne faut pas confondre avec le vif argent), est le principe de la volatilité, de la malléabilité et de la minéralité ; l'esprit fixe de l'or ne peut rien sans lui. L'or est humecté, réincrudé, volatilisé et soumis à la putréfaction par l'opération du mercure ; et celui-ci est digéré, cuit, épaissi, desséché et fixé par l'opération de l'or philosophique qui le rend, par ce moyen, une teinture métallique.

L'un et l'autre font le mercure et le soufre philosophique ; mais ce n'est pas assez dans l'œuvre d'un soufre métallique comme levain, il en faut un comme semence de nature sulfureuse pour s'unir à la semence de substance mercurielle. Ce soufre et ce mercure ont été représentés par deux serpents, l'un mâle, l'autre femelle, entortillés autour de la verge d'or de Mercure ; la verge d'or est l'esprit fixe où ils doivent être attachés et avec lesquels il exerce sa grande puissance, se transfigure et se change comme il lui plaît. Ce sont ces deux serpents que Junon, qui est la nature métallique, envoya contre Hercule au berceau, et que ce héros doit vaincre et tuer pour les faire pourrir, corrompre et engendrer au commencement de son œuvre.

Les figures hiéroglyphiques représentent encore cette matière première sous la forme de deux dragons l'un, sans ailes, exprime le principe fixe, le mâle ou le soufre ; l'autre, ailé, signifie le principe volatil, l'humidité, la femelle ou l'argent vif.

Ce sont ces serpents symboliques que les anciens Égyptiens ont peints en cercle, la tête mordant la queue, pour exprimer qu'ils étaient sortis d'une même chose, qui seule se suffisait à elle-même, et qu'en son contour et sa circulation elle se parfaisait.

Ce sont ces dragons que les anciens philosophes-poètes ont mis à garder, sans dormir, les pommes d'or des jardins des vierges hespérides. Ils sont les mêmes sur lesquels Jason dans, la fable de la Toison d'Or, versa le jus préparé par la belle Médée.

Cette matière première de l'œuvre philosophique, dont les symboles sont nombreux, était représentée, dans les temples égyptiens, par le soleil (principe fixe), et par la lune (principe volatil); ces deux emblèmes se sont conservés dans les temples maçonniques.

La dissolution est la clef de l'œuvre, qui se divise en deux travaux, l'un pour faire la pierre, l'autre l'élixir. Le premier travail est le plus pénible à cause de la préparation des agents qui doivent avoir deux qualités: fixe en partie (le mâle), en partie volatile (la femelle), et, de cette matière, il faut faire une eau qui dissolve l'or naturellement. De là, le serpent qui se mord la queue, et les dragons, la chimère, le sphinx, les harpies, et les autres monstres de la fable que l'on doit vaincre et tuer, comme Hercule enfant a étranglé les deux serpents, afin qu'ils se corrompent, dissolvent, etc.

Le mercure des sages, qu'il ne faut pas confondre avec le mercure commun, est un dissolvant universel; c'est la faulx de Saturne.

*Vases.* On n'emploie qu'un seul vase pour perfectionner les deux soufres; il est de verre, également épais dans toutes ses parties et sans nœuds, pour qu'il puisse résister à un feu long et quelquefois vif; il a le fond ovale ou rond, un cou long d'environ 30 centimètres, droit comme celui d'une bouteille. On n'ouvre ce vase qu'à la fin du premier œuvre.

Il faut un second vase pour l'élixir; il est formé de deux hémisphères creux, de chêne, dans lesquels on met l'œuf pour le faire couver.

Le troisième vase est le fourneau qui renferme et conserve les deux autres. On le nomme *athaenor* (de *tannour*, four, en hébreu), à cause du feu qu'on y entretient, sans discontinuer, pendant l'opération, et dont les degrés sont proportionnés à la capacité du fourneau et des vases et aux quantités de matières qu'ils contiennent.

Les philosophes hermétiques placent ces vases au nombre de leurs secrets et, pour ce motif, ils leur font jouer un rôle dans une foule de fables qui ne servent qu'à voiler les phases diverses des travaux de l'œuvre. Ces fictions paraissent différer, quoique le fond soit le même. Pour en donner une idée aux lecteurs peu initiés dans ces matières, nous allons indiquer la plupart des symboles sous lesquels les philosophes-poètes faisaient figurer ces vases. Tels furent le navire de Jason; le vaisseau de Thésée (voiles noires), celui d'Ulysse (voiles noires pour conduire Chriséis à son père, blanches pour le retour); la tour de Danaé, le coffre de Deucalion; le tombeau d'Osiris; la corbeille de Bacchus sauvé des eaux, son outre et sa bouteille; l'amphore d'or ou vase de Vulcain; la coupe que Junon présenta à Thétis ; le panier d'Erichthonius ; la cassette où fut enfermé Tennis Triodite avec sa sœur Hémithée, la chambre de Léda ; les œufs d'où naquirent Castor, Pollux, Clitemnestre et Hélène ; la ville de Troie ; les cavernes des monstres ; les vases dont Vulcain fit présent à Jupiter ; la cassette que Thétis donna à Achille, dans laquelle on mit les os de Patrocle et ceux de son ami ; la coupe avec laquelle Hercule passa la mer pour aller enlever les bœufs de Gérion ; la caverne du mont Hélicon, qui servait de demeure aux Muses et à Phébus ; le lit où Vénus fut trouvée avec Mars ; la peau dans laquelle Orion fut engendré ; le clepsydre ou corne d'Amalthée (qui signifie : je cache les eaux) ; le marais de Lerne (de *larnax* ; *capsa*, cassette, ou *loculus*, cercueil). Enfin, ils signifiaient les puits, les sépulcres, les urnes, les mausolées en forme triangulaire, etc.

Le magister (l'œuvre) est, dit Morien, le secret des secrets de Dieu qui l'a confié à ses prophètes (inspirés).

*Feu philosophique.* Ce feu a reçu dans les fables des poètes initiés, les noms symboliques de hache, d'épée, de lance, de flèche, d'arc, javelot, etc. : telle fut la hache dont Vulcain frappa le front de Jupiter pour en faire sortir Pallas ; l'épée que Vulcain donna à Pélée, père d'Achille ; la massue dont il fit présent à Hercule ; l'arc que ce héros reçut d'Apollon ; le cimeterre de Persée ; la lance de Bellérophon, etc. Il est le feu que Prométhée vola au ciel ; celui que Vulcain employait pour fabriquer les foudres de Jupiter et les armes des dieux ; la ceinture de Vénus, le trône d'or du souverain des cieux, etc. Il fut enfin symbolisé à Rome par le feu de Vesta, si scrupuleusement entretenu qu'on punissait de mort les vierges vestales chargées de l'entretenir, lorsqu'elles le laissaient éteindre.

On a donné aux philosophes syriens et chaldéens le surnom de philosophes du feu, parce qu'ils vouaient à cet élément un respect qui semblait être une sorte de culte dont on trouve des traces dans toute la mythologie et la poésie de l'Asie et de l'Europe. Ce feu hermétique et philosophal, regardé comme l'artisan merveilleux des métamorphoses les plus singulières du monde physique, ce thaumaturge puissant, seul agent qui pût accomplir la transmutation des métaux, n'est autre chose que l'électricité, pénétrant tout, animant tous les corps physiques et qu'ils reconnaissaient comme la plus extraordinaire des facultés occultes de la nature. Aussi disaient-ils que ce feu, générateur du feu ordinaire qui produit la lumière et la flamme, est une essence (fluide) universelle, visible et sensible : universelle, parce qu'elle est l'âme du monde qu'elle vivifie ; visible dans son troisième développement, la chaleur.

Apprenons à respecter ces hauts initiés qui, 5000 ans avant Franklin, savaient ces choses, et mieux que les savants de son époque et ceux de nos jours[89].

## Principes préparatifs ou clefs de l'œuvre

Notre intention n'est pas d'entrer dans des détails capables de porter quelques lecteurs à faire des *essais* et à *brûler du charbon*, notre but est de les initier aux allusions curieuses que renferme la science hermétique et de les mettre à même de comprendre Homère, les poèmes anciens et même la Bible, ainsi que les mystères de l'ancien grade de *maître*.

L'opération alchimique se divise en quatre parties.

La première est la solution (liquéfaction) de la matière, en eau mercurielle par la semence de la terre. La génération commence par la conjonction du mâle et de la femelle et le mélange de leurs semences. La putréfaction succède.

La deuxième est la préparation du mercure des philosophes qui volatilise et spermatise les corps, en chassant l'humidité superflue et en coagulant toute la matière sous forme de terre visqueuse et métallique. Si l'on voulait employer le langage hermétique qui devient alors allusif au récit de la création du monde par

---

[89] On voit que pour parvenir à la confection de l'œuvre il est nécessaire de bien comprendre ce que les Philosophes hermétiques entendent par ce feu philosophal ou hermétique. Le savant Pernety s'exprime ainsi « Notre feu philosophique est un labyrinthe dans les détours duquel les plus habiles peuvent se perdre ; car il est occulte et secret. Le feu du soleil ne peut pas être ce feu secret ; il est interrompu et inégal ; il ne peut fournir une chaleur toujours la même en intensité et en durée ; son ardeur ne peut pas pénétrer la profondeur des montagnes, ni animer le froid des rochers et du marbre qui reçoivent les vapeurs minérales dont se forment l'or et l'argent. « Le feu vulgaire de nos cuisines empêche l'amalgame des substances susceptibles d'être mêlées ; il consume ou fait évaporer les liens délicats des molécules constituantes : c'est dans le fait un tyran. Le feu central et inné de la matière a la propriété de mêler les substances et de leur donner des formes nouvelles. Mais ce feu si renommé ne peut être le feu ordinaire, qui produit la décomposition des semences métalliques ; car ce qui est de soi-même un principe de corruption ne peut être un principe de régénération, si ce n'est accidentellement. » Pontanus, propagateur des doctrines d'Artéphius dit à ce sujet : « Notre feu est minéral et perpétuel, il ne s'évapore pas s'il n'est pas excité outre mesure ; il participe du soufre, il ne procède, pas de la matière ; il détruit, dissout, congèle et calcine toutes choses. Il faut beaucoup d'habileté pour le découvrir et le préparer ; il ne coûte rien ou presque riser. En outre, il est humide, chargé de vapeurs, pénétrant, subtil, doux, éthéré ; il analyse, métamorphe, n'enflamme pas, ne consume pas, entoure tout, contient tout ; enfin, il est seul de son espèce. Il est aussi la fontaine d'eau vitale dans laquelle le roi et la reine de la nature se baignent continuellement. Ce feu humide est nécessaire dans toutes les opérations de l'alchimie au commencement, au milieu et à la fin, car toute la science est dans ce feu. C'est à la fois un feu naturel, surnaturel et anti-naturel ; un feu à la fois chaud, sec, humide et froid, qui ne brûle ni ne détruit. Les sages de l'antiquité et les philosophes du moyen âge se sont exprimés avec la même réserve et le même mystère sur la nature et les propriétés de ce feu magnétique, c'est-à-dire électrique.

Moïse, lequel se trouve expliqué d'une manière satisfaisante par l'opération de l'œuvre, on dirait :

« Dans cette seconde digestion, l'esprit de Dieu est porté sur les eaux ; la lune et le soleil reparaissent ; les éléments ressortent du chaos pour constituer un nouveau monde, un nouveau ciel et une terre nouvelle. Les petits corbeaux changent de plumes et deviennent des colombes, l'aigle et le lion se réunissent par un lien indissoluble. Cette régénération se fait par l'esprit igné, qui descend sous la forme d'eau pour laver la matière de son péché originel, et y porter la semence aurifique ; car l'eau des philosophes est un feu. »

La troisième partie est la corruption qui sépare les substances, les rectifie et les réduit. Les eaux ont dû être séparées des eaux avec poids et mesure.

Le quatrième est la génération et la création du soufre philosophique qui unit et fixe les substances : c'est la création de la pierre ; le mystère est achevé.

Les philosophes appellent encore ces quatre opérations *solution* ou *liquéfaction*, *ablution*, *réduction* et *fixation*.

Par la *solution*, les corps, disent-ils, retournent en leur première matière et se réincrudent par la coction. Alors, le mariage se fait entre le mâle et la femelle et il en naît le corbeau. La pierre se résout en quatre éléments confondus ensemble ; le ciel et la terre s'unissent pour mettre Saturne au monde.

L'*ablution* apprend à blanchir le corbeau et à faire naître Jupiter de Saturne, ce qui a lieu par le changement de corps en esprit.

L'office de la *réduction* est de rendre au corps son esprit que la volatilisation lui avait enlevé, et de le nourrir ensuite d'un lait spirituel, en forme de rosée, jusqu'à ce que Jupiter enfant ait acquis une force parfaite.

« Pendant ces deux dernières opérations, dit d'Espagnet, le dragon, descendu du ciel, devient furieux contre lui-même : il dévore sa queue et s'engloutit peu à peu, jusqu'à ce qu'enfin il se métamorphose en pierre. » Tel fut le dragon dont parle Homère, son récit est l'image véritable ou le vrai symbole de ces deux opérations. « Pendant que nous étions assemblés sous un beau platane, disait Ulysse aux Grecs, et que nous étions là pour faire des hécatombes ; auprès d'une fontaine qui sortait de cet arbre, il apparut un prodige merveilleux : un horrible dragon, dont le dos était tacheté, envoyé par Jupiter même, sortit du fond de l'autel et courut au platane ; au sommet de cet arbre, étaient huit petits oiseaux avec leur mère qui voltigeait autour d'eux. Le dragon les saisit avec fureur, et même la mère pleurant la perte de ses petits. Après cette action, le même dieu qui l'avait envoyé le rendit beau, brillant et le changea en pierre, à nos yeux étonnés [90]. »

---

[90] *Iliad.*, 1. 2, v. 306 et suiv.

*Calcination*. — La calcination vulgaire est la pulvérisation par le feu et la réduction du corps en chaux, cendre, terre, etc. c'est la mort du mixte. La *philosophie* est une extraction de la substance de l'eau, du sel, de l'huile, de l'esprit et du reste terreux ; c'est un changement d'accidents, une altération de la quantité, une corruption de cette substance, mais de manière que toutes ces choses puissent se réunir pour produire un corps plus parfait. La calcination vulgaire se fait par l'action du feu commun ou des rayons concentrés du soleil ; la philosophie a l'eau pour agent, d'où l'axiome : « *Les chimistes brûlent avec le feu, les philosophes avec l'eau.* »

Il faut en conclure que la chimie vulgaire diffère de la chimie hermétique, comme le feu diffère de l'eau.

*Solution*. — Elle est, dans la chimie ordinaire, une atténuation ou liquéfaction de la matière, sous forme d'eau, d'huile, d'esprit ou d'humeur ; dans la chimie transcendante ou philosophique, elle est une réduction du corps en sa première matière, une désunion naturelle des parties du composé, et une coagulation des parties spirituelles ; c'est pourquoi les philosophes l'appellent une solution du corps et une congélation de l'esprit. Son effet est d'aquéfier, dissoudre, ouvrir, réincruder, décuire et évacuer les substances de leurs terrestréités, de décorporifier le mixte pour le réduire en sperme.

*Putréfaction*. — Elle est, en quelque sorte, la clef de toutes les opérations, quoiqu'elle ne soit pas la première. Elle est l'outil qui rompt les liens des parties ; elle découvre l'intérieur du mixte ; elle rend, disent les sages, l'occulte manifeste. Elle est le principe du changement des formes, la mort des accidentelles ; le premier pas vers la génération, le commencement et le terme de la vie, le milieu entre le non-être et l'être. — Le philosophe veut qu'elle se fasse quand le corps, dissous par une résolution naturelle, est soumis à l'action de la chaleur putrédinale. La distillation et la sublimation vulgaires ne sont que l'imitation de celles de la nature : la première est l'élévation des choses humides qui tombent ensuite goutte à goutte. La seconde est l'élévation d'une matière sèche qui s'attache aux parois du vaisseau.

La distillation et la sublimation philosophiques partagent, subtilisent et rectifient la matière.

La *coagulation* et la *fixation* sont les deux grands instruments de la nature et de l'art.

*Fermentation*. — Le ferment est dans l'œuvre ce qu'est le levain dans la fabrication : on ne peut faire du pain sans levain, et l'on ne peut faire de l'or sans or. L'or est donc l'âme et ce qui détermine la forme intrinsèque de la pierre. Ainsi, l'on fait de l'or et de l'argent, comme le boulanger fait le pain, qui n'est qu'un composé d'eau et de farine pétrie, fermentée, et ils ne diffèrent l'un de l'autre que par la cuisson. De même, la médecine dorée n'est qu'une composition de terre et d'eau, c'est-à-dire de soufre et de mercure fermentés avec l'or, mais avec un or réincrudé. Car, comme on ne peut faire du levain avec du pain cuit, on ne peut en faire un avec l'or vulgaire, tant qu'il reste or vulgaire.

Le mercure ou eau mercurielle est cette eau ; le soufre, cette farine, lesquels, par une longue fermentation, s'aigrissent et deviennent le levain avec lequel se font l'or et l'argent. Comme le levain ordinaire se multiplie éternellement et sert toujours de matière à faire du pain, la médecine philosophique se multiplie aussi et sert éternellement de levain pour faire de l'or.

*Signes démonstratifs.* — Les couleurs qui surviennent à la matière, pendant le cours des opérations de l'œuvre, sont des signes démonstratifs, qui font connaître qu'on a procédé de manière à réussir. Elles se succèdent immédiatement et par ordre. Si cet ordre est dérangé, c'est une preuve qu'on a mal opéré. Il y a trois couleurs principales : la première est noire, appelée tête de corbeau, serpents, dragons et de beaucoup d'autres noms.

Le commencement de cette noirceur indique que le feu de la nature commence à opérer et que la matière est en voie de solution ; si elle devient parfaite, la solution l'est aussi, et les éléments sont confondus. Le grain se pourrit pour se disposer à la génération. « Celui qui ne noircira pas ne saurait blanchir, dit Artéphius, parce que la noirceur est le commencement de la blancheur, et c'est la marque de la putréfaction et de l'altération. Voici comment cela se fait. Dans cette putréfaction, il paraît d'abord une noirceur ressemblant à du poivre jeté sur du bouillon gras. Cette liqueur s'épaissit et devient comme une terre noire qui se blanchit en continuant de la cuire ; et de même que la chaleur, en agissant sur l'humide, produit la noirceur, première couleur qui paraît, de même la chaleur, continuant toujours son action, produit la blancheur, deuxième couleur principale de l'œuvre. »

Cette action du feu sur l'humide fait tout dans l'œuvre, comme il fait tout dans la nature, pour la génération des mixtes. Pendant cette putréfaction, le mâle philosophique (le soufre) est confondu avec la femelle (le mercure) ; ils ne font plus qu'un seul et même corps, dit hermaphrodite, l'androgyne des anciens, la tête du corbeau et les éléments convertis.

La matière, dans cet état, est le serpent Python, qui, né de la corruption, du limon de la terre, doit être vaincu et mis à mort par les flèches d'Apollon (l'exterminateur), le blond soleil, c'est-à-dire le feu philosophique, égal à celui du soleil. Les lavements, qu'il faut continuer avec l'autre moitié sont les dents de ce serpent, que le prudent Cadmus doit jeter dans la même terre, d'où naîtront des soldats qui se détruiront eux-mêmes, se laissant résoudre en la même nature de terre.

Le deuxième signe démonstratif, ou la deuxième couleur principale, est le blanc. Hermès a dit : « Sachez, fils de la science, que le vautour crie du haut de la montagne : « Je suis le blanc du noir, parce que la blancheur succède à la noirceur. » Cette matière, dite fumée blanche, est considérée comme la racine de l'art, l'argent vif des anges, le vrai mercure des philosophes, le mercure tingent avec son soufre blanc et rouge, mêlés naturellement ensemble dans leur minière.

Le grand secret de l'œuvre est donc de blanchir la matière, appelée aussi laiton ; c'est alors un corps précieux, qui, étant fermenté et devenu élixir au blanc, est plein d'une teinture exubérante, qu'il a la propriété de communiquer à tous les autres métaux. Les esprits, auparavant volatils, sont alors fixes. Le nouveau corps ressuscite beau, blanc, immortel, victorieux ; c'est pourquoi on l'a appelé résurrection, lumière, jour, et de tous les noms, au nombre de plus de cent trente que nous pourrons citer, qui peuvent indiquer la blancheur, la fixité, l'incorruptibilité.

La formation de cette blancheur désirée s'annonce par un cercle capillaire de couleur tirant sur l'orangé, qui apparaît autour de la matière aux côtés du vaisseau.

Les philosophes ont souvent représenté cette blancheur par la forme d'une épée nue brillante. « Quand tu auras blanchi, dit Flamel, tu auras vaincu les taureaux enchantés qui jetaient feu et flammes par les narines. Hercule a nettoyé l'étable d'Augias, pleine d'ordure, de pourriture et de noirceur. Jason a versé le jus (de Médée) sur les dragons de Colchos, et tu as en ta puissance la corne d'Amalthée qui, bien qu'elle ne soit pas blanche, peut, pendant ta vie, te combler de gloire, d'honneurs et de richesses.

« Pour l'avoir, il t'a fallu combattre vaillamment et comme un Hercule. Car cet Achéloüs (fils de l'Océan), ou fleuve humide (la noirceur, l'eau noire du fleuve Esep), est doué d'une force très puissante et se change souvent d'une forme dans une autre. »

Le noir et le blanc peuvent être considérés comme deux extrêmes qui ne peuvent s'unir que par un milieu ; la matière, en quittant la couleur noire, ne devient pas blanche tout à coup : la couleur grise, qui participe des deux, se trouve intermédiaire. Les sages lui ont donné le nom de Jupiter, parce qu'elle succède au noir, qu'ils ont appelé Saturne. C'est ce qui a fait dire que l'air succède à l'eau, après qu'elle a achevé ses sept révolutions ou imbibitions. La matière s'étant fixée au bas du vase, c'est Jupiter qui, ayant chassé Saturne, s'empare du royaume et en prend le gouvernement. A son avènement, l'enfant philosophique se forme, se nourrit dans la matrice et vient au jour, beau, brillant et blanc comme la lune. Cette matière en blanc est, dès lors, un remède universel à toutes les maladies du corps humain.

La troisième couleur principale est le rouge, qui s'obtient en continuant la cuisson de la matière. Elle est le complément et la perfection de la pierre. Après le premier œuvre, on l'appelle sperme masculin, or philosophique, feu de la pierre, couronne royale, fils du soleil, minière du feu céleste, et de cent vingt autres noms, selon la manière de l'envisager sous le rapport de sa couleur et de ses qualités. Mais il est bon de savoir que, pour dérouter les chercheurs d'or, les sages, pour la plupart, commencent leurs traités de l'œuvre à la pierre rouge.

Dans cette opération, le corps fixe se volatilise; il monte et descend dans le vase jusqu'à ce que le fixe ayant vaincu le volatil, il le précipite au fond avec lui pour ne plus faire qu'un corps de nature absolument fixe.

*Soufre philosophique.* —Pour la manière de le faire dans le premier œuvre, d'Espagnet s'exprime ainsi; son style est symbolique, mais le sens est transparent : « Choisissez un dragon rouge, courageux, qui n'ait rien perdu de sa force naturelle; sept ou neuf aigles vierges, hardis, dont les rayons du soleil soient incapables d'éblouir les yeux. Mettez-les avec le dragon dans une prison claire, bien close et, par-dessus, un bain chaud pour les exciter au combat, qui sera long et très pénible jusqu'au quarante-cinquième ou cinquantième jour que les aigles commenceront à dévorer le dragon qui, en mourant, infectera la prison de son sang corrompu et d'un venin très noir, dont la violence fera expirer les aigles. De la putréfaction de leurs cadavres naîtra un corbeau qui élèvera peu à peu sa tête; le bain augmentant, il déploiera ses ailes et commencera à voler. Le vent, les nuages, l'emporteront çà et là. Fatigué d'être ainsi tourmenté, il cherchera à s'échapper : ayez soin qu'il ne trouve aucune issue. Enfin, lavé et blanchi par une pluie constante, de longue durée, et une rosée céleste, on le verra métamorphosé en cygne. La naissance du corbeau indique la mort du dragon et des aigles.

« Etes-vous curieux de pousser jusqu'au rouge ? ajoutez l'élément du feu qui manque à la blancheur, sans toucher ni remuer le vase, en fortifiant le feu par degrés et poussant son activité sur la matière, jusqu'à ce que l'occulte devienne manifeste; l'indice certain sera la couleur citrine. Gouvernez alors le feu du $4^e$ degré, toujours par les degrés requis, jusqu'à ce que, à l'aide de Vulcain, vous voyiez éclore des roses rouges, qui se changent en amaranthe couleur de sang; mais ne cessez de faire agir le feu par le feu, que vous ne voyiez le tout réduit en cendres très rouges et impalpables. »

Ce soufre philosophique est une terre d'une ténuité, d'une ignéité et d'une sécheresse extrêmes, contenant un feu de nature très abondante, ce qui l'a fait nommer feu de la pierre. Il a la propriété d'ouvrir, de pénétrer les corps des métaux, et de les changer en sa propre nature; on le nomme alors père et semence masculine.

Les trois couleurs noire, blanche et rouge doivent nécessairement se succéder dans l'ordre qui vient d'être indiqué. Elles ne sont pas les seules qui se manifestent. Elles indiquent les changements essentiels qui surviennent à la matière, tandis que les autres couleurs, presque infinies et semblables à celles de l'arc-en-ciel, ne sont que passagères et d'une durée très courte; elles affectent plutôt l'air que la terre, elles se chassent les unes les autres et se dissipent pour faire place aux trois principales dont nous parlons. Ces couleurs étrangères sont quelquefois l'indice d'une opération mal conduite: la noirceur répétée en est une marque certaine; car les petits corbeaux, disent les philosophes, ne doivent point retourner dans le nid après l'avoir quitté. Il en est de même de la rougeur prématurée elle ne doit paraître qu'à la fin, comme preuve de la maturité du grain et du temps de la moisson.

*De l'élixir.* — Il ne suffit pas d'être parvenu au soufre philosophique; la pierre ne peut être parfaite qu'à la fin du second œuvre, appelé élixir.

Il se compose de trois choses: d'une eau métallique (mercure sublimé philosophiquement); du ferment blanc (pour faire l'élixir au blanc) ou du ferment rouge (pour l'élixir au rouge), et du second soufre. Il lui faut cinq qualités: il doit être *fusible, permanent, pénétrant, tingeant* et *multipliant*. Il tire sa teinture et sa fixation du ferment; sa fusibilité de l'argent vif qui sert à réunir les teintures du ferment et du soufre, et sa propriété multiplicative de l'esprit de la quintessence qu'il a naturellement.

Sa perfection consiste dans l'union complète du sec et de l'humide, de manière qu'ils soient inséparables, et que l'humide donne au sec la propriété d'être fusible à la moindre chaleur. On en fait l'épreuve en en mettant un peu sur une urne de cuivre ou de fer chauffée: s'il fond aussitôt sans fumée, il est parfait.

*Confection.* — Ce second œuvre se fait dans le même vase ou dans un vase semblable au premier, dans le même fourneau, avec des mêmes degrés de feu, mais dans un temps beaucoup plus court.

*Recette* selon d'Espagnet[91] : Terre rouge ou ferment rouge 3 parties, eau et air pris ensemble 6 parties ; mêlez le tout et broyez pour en faire un amalgame ou pâte métallique de consistance de beurre de manière que la terre soit impalpable ou insensible au tact ; ajoutez-y une partie et demie de feu et mettez le tout dans un vase parfaitement scellé. Donnez-lui un feu du 1er degré, pour la digestion. Vous ferez ensuite l'extraction des éléments par les degrés du feu qui leur sont propres, jusqu'à ce qu'ils soient très réduits en terre fixe. La matière deviendra comme une pierre brillante, transparente, rouge, et sera, pour lors, dans sa perfection. Mettez-en dans un creuset sur un feu léger et imbibez cette partie avec son huile rouge, en l'insérant goutte à goutte jusqu'à ce qu'elle se fonde et coule sans fumée. Ne craignez pas que votre mercure s'évapore, car la terre boira avec avidité cette humeur qui est de sa nature. Vous avez alors en possession votre élixir parfait. Remerciez Dieu de la faveur qu'il vous a faite, faites-en usage pour sa gloire et gardez le secret. »

L'élixir blanc se fait de même que le rouge, mais avec des ferments blancs et de l'huile blanche.

*Quintessence*. — La quintessence ou cinquième substance est une extraction de la plus spiritueuse et radicale substance de la matière. Elle s'obtient par la séparation des éléments dont les parties les plus pures s'unissent et forment une céleste et incorruptible essence, dégagée de toutes les hétérogénéités.

Le secret philosophique consiste à séparer les éléments des mixtes, à les rectifier, et par la réunion de leurs parties pures, homogènes et spiritualisées, faire cette quintessence, qui en renferme toutes les propriétés, sans être sujette à leur altération.

*Teinture*. — La teinture, dans le sens philosophique ou philosophal, est l'élixir même, rendu fixe, fusible, pénétrant et tingeant, par la corruption et les opérations que nous avons indiquées. Cette teinture ne consiste pas dans la couleur externe, mais dans la substance même qui en donne la teinture avec la forme métallique. Elle agit comme le safran dans l'eau ; elle pénètre plus que ne fait l'huile sur le papier ; elle se mêle intimement comme la cire avec la cire, comme l'eau avec l'eau, parce que l'union se fait en deux choses de même nature. C'est de cette propriété que lui vient celle d'être une panacée admirable pour les maladies des trois règnes de la nature : elle va chercher dans eux le principe radical et

---

[91] Jean d'Espagnet, président à Bordeaux, en 1620, passe pour être l'auteur de l'*Arcanum hermeticae philosophiae* ; d'autres attribuent ce traité au *chevalier impérial*, que l'on croit étranger.

vital que, par son action, elle débarrasse des matières hétérogènes qui l'entravent et l'étreignent; elle vient à son aide et se joint à lui pour combattre ses ennemis. Ils agissent alors de concert et remportent une victoire complète. Cette quintessence chasse l'impureté des corps, comme le feu fait évaporer l'humidité du bois. Elle conserve la santé, en donnant des forces au principe de la vie, pour résister aux attaques des maladies, et faire la séparation de la substance véritablement nutritive des aliments d'avec celle qui n'en est que le véhicule.

*La multiplication*. — On entend par la multiplication philosophique une augmentation en quantité et en qualité, et l'une et l'autre. Au-delà de tout ce qu'il est possible d'imaginer. Celle de la qualité est une multiplication de la teinture par la corruption, une volatilisation et une fixation réitérées autant de fois qu'il plaît à l'adepte. La seconde augmente seulement la quantité de la teinture, sans accroître ses vertus.

Le second soufre se multiplie avec la même matière dont il est fait, en y ajoutant une petite partie du premier dans la proportion voulue.

D'Espagnet décrit trois manières de faire la multiplication.

La première est de prendre une partie de l'élixir parfait rouge que l'on mêle avec neuf parties de son eau rouge. On met le vase au bain, pour faire dissoudre le tout en eau. On la cuit, après la solution, jusqu'à ce qu'elle se coagule en une matière semblable à un rubis. On *incère* ensuite cette matière à la matière de l'élixir; et, dès cette première opération, la médecine acquiert dix fois plus de vertu qu'elle n'en avait. Si l'on réitère ce même procédé, elle augmentera de cent, une troisième fois de mille, et ainsi de suite, toujours par dix.

La seconde manière est de mêler la quantité que l'on veut d'élixir avec son eau, dans les proportions requises, et le tout mis dans un vase de réduction bien scellé, le dissoudre au bain et suivre tout le régime du second, en distillant successivement les éléments par leurs propres feux, jusqu'à ce que tout devienne pierre. On *incère* ensuite comme dans l'autre, et la vertu de l'élixir augmente de cent, dès la première fois; en la réitérant, on accroît la force de l'élixir de plus en plus; mais cette voie est plus longue.

La troisième est proprement la multiplication en quantité. On projette une once de l'élixir, multiplié en qualité, sur cent onces de mercure commun purifié; ce mercure, mis sur un petit feu, se changera bientôt en élixir. Si l'on en jette une once sur cent onces d'autre mercure commun purifié, il deviendra or très fin. La multiplication de l'élixir au blanc se fait de la même manière, en employant l'élixir blanc et son eau, au lieu de l'élixir rouge.

Plus on réitérera la multiplication en qualité, plus elle aura d'effet dans la projection. Quant à la multiplication en quantité, sa force diminue à chaque projection.

On ne doit pousser la réitération que jusqu'à la quatrième ou cinquième fois, parce que la médecine deviendrait si active et si ignée, que les opérations seraient instantanées, puisque leur durée s'abrège à chaque réitération. Sa vertu, d'ailleurs, est assez grande à la quatrième ou cinquième pour combler tous les désirs; car, dès la première un grain peut convertir cent grains de mercure en or; à là deuxième, mille; à la troisième, dix mille; à la quatrième, cent mille, etc. On doit juger de cette médecine comme du grain de froment qui multiplie à chaque fois qu'on le sème.

*Proportions.* —Les philosophes hermétiques ne se lassent point de recommander de suivre la nature; sans doute qu'ils la connaissent puisqu'ils se flattent d'être ses disciples; et pourquoi rien n'est-il plus embrouillé que ce qu'ils disent, dans leurs écrits, sur les poids et les proportions à observer? L'un dit qu'il faut mesurer son feu clibaniquement (selon le four); un autre géométriquement, etc.; enfin, un auteur mieux avisé conseille de donner un feu lent et faible plutôt que fort, parce qu'on ne risque rien que de finir l'œuvre plus tard.

Le composé des mixtes et leur vie ne subsistent que par la mesure et le poids des éléments combinés et proportionnés de manière que l'un ne domine point sur les autres en tyran. S'il y a trop de feu, le germe se brûle; si trop d'eau, l'esprit séminal et radical se trouve suffoqué; si trop d'air et de terre, le composé aura trop ou trop peu de consistance; et chaque élément n'aura pas son action libre.

Cette difficulté n'est pas si grande qu'elle le paraît d'abord, à la vérité; la nature a toujours sa balance à la main pour peser les éléments et en faire ses mélanges tellement proportionnés qu'il en résulte les mixtes qu'elle se propose de produire, sauf les avortements nombreux, causés accidentellement; et que nous ignorons; mais tout le monde sait que deux corps hétérogènes ne se mêlent point ensemble ou ne peuvent rester longtemps unis; que, lorsque l'eau a dissous une certaine quantité de sel, qu'elle en est saturée, elle n'en dissout plus; que, plus les corps ont ensemble d'affinité, plus ils paraissent se chercher et quitter même ceux qui en ont le moins pour se réunir à ceux qui en ont le plus. Ces expériences qui sont reconnues exactes entre les minéraux et les métaux doivent servir de guide; mais on ne doit pas oublier que la nature, qui agit successivement, ne perfectionne les mixtes que par des choses qui sont de même nature: on ne doit donc pas prendre du bois pour perfectionner le métal; l'animal engendre l'animal, la plante produit la plante, et la nature métallique, les métaux.

# CHAPITRE XIX :

## Animaux symboliques

> *L'animal le plus dangereux est*
> *Parmi les animaux sauvages, le calomniateur,*
> *Parmi les animaux domestiques, le flatteur.*

La nature des animaux symboliques, les cérémonies observées à leur culte, caractérisent allégoriquement l'œuvre hermétique, sa matière et les phases de l'opération.

*Le bœuf Apis.* — Il fallait un taureau noir, ayant au front ou à l'un des côtés du corps une marque blanche en forme de croissant ; il devait avoir été conçu par les impressions de la foudre. Tous ces caractères désignent clairement la matière de l'œuvre, fille, selon Hermès, du Soleil et de la Lune. Les Égyptiens consacrèrent ce taureau à ces deux divinités, parce qu'il en portait les signes dans ses couleurs noire et blanche, et le scarabée (consacré au soleil) qu'il devait avoir sur la langue. Apis était plus particulièrement le symbole de la lune, tant à cause de ses cornes qui représentent le croissant que parce que, hors de son plein, cet astre a toujours une partie ténébreuse indiquée par le noir, et l'autre partie, désignée par la marque blanche, est resplendissante et en forme de croissant.

Le bœuf étant l'animal le plus utile à l'homme, par sa force, sa docilité et par son travail dans les champs, a fait dire allégoriquement qu'Isis et Osiris, qui n'ont jamais eu forme humaine, avaient inventé l'agriculture. Les Égyptiens pensaient, dit Abenephius, que le génie et l'âme du monde habitaient dans le bœuf, et ils le vénéraient ; mais, ce qui est plus certain, c'est que les prêtres, pénétrés de reconnaissance envers le Créateur pour les services éminents que leur rendait la connaissance de l'art sacerdotal, voulaient non seulement lui en rendre des actions de grâces en particulier, mais en joignant celles du peuple qui, ne se conduisant que par les sens et ne pouvant concevoir Dieu, en reconnaissait indirectement les bienfaits dans son culte pour l'animal le plus utile et le plus nécessaire. De là, les jours de fêtes et les pompes instituées pour ce culte, surtout à Bubaste, ville du bœuf.

Apis devait être un taureau jeune, sain, hardi, parce que la matière doit être choisie fraîche, nouvelle et dans toute sa vigueur ; on ne l'entretenait que pendant quatre ans, nombre des éléments ; on le logeait dans le temple de Vulcain, nom donné au fourneau secret des philosophes. Après les quatre années qui symbolisent aussi les quatre saisons philosophiques et les quatre couleurs principales de l'œuvre, on le noyait dans la fontaine des prêtres, et l'on en cherchait à l'avance un nouveau tout semblable pour lui succéder.

Les Grecs, instruits par les Égyptiens, représentaient aussi la matière philosophique par un ou plusieurs taureaux, comme on le voit dans la fable du Minotaure (taureau de Minos), renfermé dans le labyrinthe de Crète, vaincu par Thésée avec le secours du fil d'Ariane ; par les bœufs qu'Hercule enleva à Gérion ; par les trois mille de l'étable d'Augias, par les bœufs du Soleil qui paissaient en Trinacrie ; ceux que Mercure vola ; par les taureaux que Jason fut obligé de mettre sous le joug, pour parvenir à enlever la Toison d'Or ; l'enlèvement d'Europe, etc. Tous ces bœufs n'étaient pas noirs et blancs comme devait l'être Apis, ceux de Gérion étaient rouges ; ces couleurs ne sont pas les seules qui surviennent à la matière philosophale, et les auteurs des fables ont eu en vue ces différentes circonstances.

*Le chien.* — Cet animal était, à cause de sa fidélité, de sa vigilance et de son industrie, le symbole d'un secrétaire ou ministre. Il est le caractère hiéroglyphique de Mercure que l'on représente sous le nom d'Anubis, avec une tête de chien. Les philosophes donnent à leur Mercure les noms de chien de Corascène et chienne d'Arménie. Isis, dans l'inscription de sa colonne, dit qu'elle est ce chien brillant parmi les astres : on l'appelle la canicule.

*Le loup.* — Cet animal, à cause de sa forme, ne paraissant être qu'un chien sauvage, a participé aux mêmes honneurs que le chien. Les Égyptiens pensaient qu'Osiris avait pris la forme du loup pour venir au secours d'Isis et d'Horus, contre Typhon, parce que les philosophes voilent, sous le nom de loup, leur manière perfectionnée à un certain degré. En voici l'explication : le loup était consacré à Apollon, d'où le nom d'Apollo-Lucius (de *lukos*, loup[92]). La fable dit

---

[92] *Lux* vient de *luké*, lumière, d'où *lukos*, loup, chacal, qui fut l'emblème du soleil dont il annonce, comme le coq, le lever par ses cris. A Thèbes, dit Macrobe, le soleil était peint sous la forme d'un loup ou chacal. Il n'y a point de loup en Égypte.

que Latone, pour éviter les poursuites et les effets de la jalousie de Junon s'était cachée sous la forme d'une louve, et que, dans cet état, elle avait mis Apollon au monde (c'est-à-dire le soleil, ou or philosophique).

« Notre loup, dit Rhasis, se trouve en Orient et notre chien en Occident. Ils se mordent l'un l'autre, deviennent enragés et se tuent. De leur corruption se forme un poison qui, dans la suite se change en thériaque[93]. »

Les philosophes disent que le loup et le chien ont la même origine; c'est pourquoi, dans la fiction de l'expédition d'Osiris, on voit que ce prince se fit accompagner de ses deux fils: Anubis, sous la forme de chien, et Macédon, sous celle de loup. Ces deux animaux ne représentent donc hiéroglyphiquement que deux choses prises d'un même sujet; dont l'une est plus traitable, l'autre plus féroce.

*Le chat* ou *œlurus*. — Le chat était en grande vénération, parce qu'il était consacré à Isis. On le représentait sur le haut du sistre que l'on voit à la main de cette déesse. Cet animal était embaumé, après sa mort, et porté en grand deuil dans la ville de Bubaste, où Isis était particulièrement révérée. Le chat devait participer aux mêmes honneurs que bien d'autres animaux chez un peuple qui avait fait une étude de la nature des choses, et des rapports qu'elles ont ou paraissent avoir entre elles. Or, on sait que la figure de la prunelle des yeux du chat semble suivre les phases de la lune dans son accroissement ou dans son déclin; ses yeux brillent la nuit comme les étoiles. Ces rapports donnèrent, sans doute, occasion de dire que la Lune ou Diane se cacha sous la forme du chat, lorsqu'elle se sauva en Égypte avec les autres Dieux pour se soustraire aux poursuites de Typhon. *Fele soror Phœbi* (Ovid., *Métam.*, 1. 5). D'ailleurs, on sait que le chat était, chez les anciens, le symbole de la liberté.

Œlurus ou le dieu chat était représenté, dans des monuments égyptiens, tantôt tenant un sistre d'une main, et portant, comme Isis, un vase à anse de l'autre; tantôt assis et tenant une croix (symbole des quatre éléments) attachée à un cercle.

*Le lion*. — Le lion, qui passe pour le roi des animaux par sa force, son courage et par son caractère fort supérieur à celui des autres, tenait un des premiers rangs dans le culte qu'on leur rendait. Le trône d'Horus avait des lions pour support. Sa nature ardente et pleine de feu l'avait fait consacrer à Vulcain, symbole du feu philosophique. Le lion était, pour les philosophes, l'emblème de l'art hermétique.

---

[93] Élixir.

*Le bouc.* —Il était généralement regardé comme le symbole de la fécondité ; il était celui du dieu Pan ou le principe fécondant de la nature, c'est-à-dire le feu inné, principe de vie et de génération lorsque les prêtres voulaient représenter la fécondité du printemps, et l'abondance dont il est la source, ils peignaient un enfant assis sur un bouc et tourné vers Mercure. Cette peinture indique l'analogie du soleil (hermétique) avec Mercure, et la fécondité dont la matière des philosophes est le principe dans tous les êtres. C'est cette matière, principe de végétation, esprit universel et corporifié, qui, devient huile dans l'olive, vin dans le raisin, gomme, résine dans les arbres, suc dans les plantes, etc. Si le soleil, par sa chaleur, est un principe de végétation, ce n'est qu'en excitant le feu assoupi dans les semences, où il reste comme engourdi jusqu'à ce qu'il soit réveillé et ranimé par un agent extérieur. C'est ce qui arrive dans les opérations de l'art hermétique, où le mercure philosophique travaille par son action, sur la matière fixe, où se trouve renfermé, comme en prison, ce feu inné. Il le développe en rompant ses liens, et le met en état d'agir, pour mener l'œuvre à sa perfection. Voilà bien l'enfant assis sur le bouc et le motif qui le porte à se tourner vers Mercure. Osiris étant ce feu inné ne diffère point de Pan, aussi le bouc était-il consacré à l'un et à l'autre ; il était, par la même raison, un des attributs de Bacchus.

*L'ichneumon et le crocodile.* —On regardait l'ichneumon (mangouste, ou rat de Pharaon, de la grosseur d'un chat) comme l'ennemi juré du crocodile ; mais ne pouvant le vaincre par la force, n'étant qu'une espèce de rat, il employait l'adresse. Lorsque le crocodile dort, il s'insinue, dit-on, dans sa gueule béante, descend dans ses intestins et les ronge. On se sert de ce fait pour indiquer quelque chose de semblable dans les opérations de l'œuvre : le fixe, qui ne paraît être d'abord que peu de chose, ou plutôt le feu inné qu'il renferme, semble n'avoir aucune forme ; mais à mesure qu'il se développe, il s'y insinue de manière qu'il prend enfin le dessus et le tue, c'est-à-dire qu'il le fixe comme lui.

Le crocodile, comme animal amphibie, était un hiéroglyphe naturel de la matière philosophique composée d'eau et de terre ; aussi accompagne-t-il souvent les figures d'Osiris et d'Isis. Les Égyptiens représentaient le soleil dans un navire comme pilote, et ce navire était porté par un crocodile, « pour signifier, dit Eusèbe (*Prépar. évang.*, 1. 3, c. 3), le mouvement du soleil dans l'humide ». Il fallait dire : pour signifier que la matière hermétique est le principe ou la base de l'or ou soleil philosophique ; l'eau où nage le crocodile est ce mercure ou cette matière réduite en eau ; le navire représente le vase de la nature, dans lequel le soleil ou principe igné et sulfureux est comme pilote, parce que c'est lui qui conduit l'œuvre par son action sur l'humide ou le mercure. Le crocodile était aussi l'hiéroglyphe de l'Égypte même et surtout de la Basse, comme étant plus marécageuse.

*La tortue.* —Elle était chez les anciens, le symbole de la matière, parce qu'ils avaient remarqué sur son écaille une espèce de figure qui rappelle le signe planétaire de Saturne. C'est pourquoi Vénus était quelquefois représentée assise sur un bouc dont la tête rappelle celle du bélier, tandis que son pied droit s'appuie sur une tortue. On voit aussi, dans un emblème philosophique, un artiste faisant une sauce à une tortue avec des raisins ; un philosophe à qui l'on demandait quelle en était la matière, répondit : *Tectudo solis cum pinguedine vitis.*

*Le cynocéphale* (singe à tête de chien). —Cet animal, qui a le corps presque semblable à celui d'un homme et la tête à celle d'un chien, a été un des hiéroglyphes le plus fréquemment employés. Les Égyptiens s'en servaient souvent pour symbole du soleil et de la lune, à cause du rapport qu'ils lui avaient remarqué avec ces astres. Ils supposaient ainsi que le cynocéphale avait indiqué à Isis le corps d'Osiris qu'il cherchait, et, pour ce motif, ils le plaçaient auprès de ce dieu et de cette déesse. La vérité de ces récits allégoriques est que le cynocéphale était l'hiéroglyphe de Mercure et du mercure philosophique, qui doit toujours accompagner Isis comme son ministre, puisque, sans le mercure, Isis et Osiris, ne peuvent rien faire dans l'œuvre. Hermès ou Mercure philosophe ayant donné occasion, par son nom, de le confondre avec le mercure philosophique dont on le suppose inventeur, des Égyptiens et des auteurs non initiés ont confondu la chose inventée avec son inventeur et pris l'hiéroglyphe de l'un pour celui de l'autre.

Lorsque le cynocéphale est représenté avec le caducée, quelques vases ou avec un croissant ; avec la fleur de lotus ou quelque chose d'aquatique ou volatile, il est un hiéroglyphe du mercure philosophique ; mais quand on le voit avec un roseau ou un rouleau de papier, il représente Hermès, secrétaire et conseiller d'Isis, auquel on attribue l'invention de l'écriture et des sciences. L'idée de prendre cet animal pour symbole d'Hermès est venue de ce que les Égyptiens pensaient que le cynocéphale savait naturellement écrire les lettres usitées en Égypte.

*Le bélier.* —La nature du bélier qu'on regardait comme chaude et humide répondant à celle du mercure philosophique, les Égyptiens ne manquèrent pas de le mettre au nombre de leurs principaux hiéroglyphes ; et, dans la fable de la fuite des dieux en Égypte, ils dirent que Jupiter se cacha sous la forme de bélier, et, l'ayant représenté avec la tête de cet animal, ils lui donnèrent le nom d'Amun ou d'Ammon. Tous les récits inventés à ce sujet ne servent qu'à désigner le mercure des philosophes; exemple:

« Bacchus, étant dans la Libye avec son armée, se trouva, dit la fable, extrêmement pressé de la soif, et invoqua Jupiter, qui lui apparut sous la forme d'un bélier et le conduisit, à travers le désert, à une fontaine où il se désaltéra. En mémoire de cet événement, on y éleva un temple en l'honneur du maître des dieux, sous le nom de Jupiter-Ammon [94], et il était représenté avec une tête de bélier. »

— *Explication*: Le bélier étant un des symboles de Mercure, dut apparaître à Bacchus dans la Libye, dont le nom signifie une pierre d'où découle de l'eau: le mercure, dont la nature est chaude et humide, ne se forme que par la résolution de la matière philosophique en eau. « Cette eau, dit le Cosmopolite (*Nov. lum. chim.*) est notre Mercure que nous tirons au moyen de notre aimant, qui se trouve dans le ventre du bélier. » — Hérodote raconte que Jupiter apparut à Hercule sous la même forme; ce qui indique que, dans la Grèce, comme en Égypte, Hercule était le symbole de l'artiste ou philosophe hermétique, dont l'ardent désir est de voir le Jupiter philosophique, qui ne peut se montrer que dans la Libye, c'est-à-dire lorsque la matière a passé par la dissolution, parce qu'alors l'artiste a le mercure tant désiré. Le bélier était une victime que l'on sacrifiait à tous les dieux, parce que le mercure dont il est un des symboles les accompagne tous dans les opérations de l'art sacerdotal; aussi, figure-t-il dans beaucoup de fables et dans celle de la Toison d'Or.

*L'aigle et l'épervier.* — L'aigle, roi des oiseaux, a été consacré à Jupiter parce qu'il fut d'un heureux présage pour ce dieu, lorsqu'il alla combattre son père Saturne et qu'il lui fournit des armes, lorsqu'il vainquit les Titans, etc. Le char de Jupiter est attelé de deux aigles et on ne le représente presque jamais sans mettre cet oiseau auprès de lui. En effet, les philosophes ont appelé aigle leur mercure ou la partie volatile de leur matière; ils ont appelé lion la partie fixe, et ne parlent que des combats de ces deux animaux.

On a feint avec raison que l'aigle fut d'un bon augure à Jupiter, puisque la matière se volatilise dans le temps qu'il remporte la victoire sur Saturne, c'est-à-dire lorsque la couleur grise prend la place de la noire.

Les philosophes ont donné le nom d'épervier à leur matière qui, parvenue à un certain degré d'ignéité, devient soufre philosophique; ils avaient reconnu que, par sa nature, cet oiseau avait du rapport avec l'aigle: tous deux sont forts, hardis, entreprenants, d'un tempérament chaud, igné, bouillant.

---

[94] On appelle ammonéennes les lettres sacrées dont se servaient les prêtres.

On représentait Osiris avec une tête d'épervier, parce que cet oiseau, qui attaque tous les autres, les dévore, les transforme en sa nature en les changeant en sa propre substance, puisqu'ils lui servent d'aliment. Il représente alors Osiris, principe igné et fixe, qui fixe les parties volatiles de la matière symbolisées par l'aigle et l'épervier. Homère, dans l'*Odyssée*, appelle l'épervier, qui est un symbole du soleil, le messager d'Apollon.

*Ibis.* — Hérodote rapporte (lib. II, c. 75 et 76) qu'il y avait, en Égypte deux espèces d'ibis: l'une, toute noire, qui combat les serpents ailés et les empêche de pénétrer dans le pays, lorsqu'au printemps ils viennent en troupes de l'Arabie; l'autre espèce est noire et blanche et représente Isis. L'ibis toute noire, qui combattait et tuait les serpents ailés qu'Hérodote n'a jamais vus, indique le combat qui a lieu entre les parties de la matière pendant la dissolution; la mort de ces serpents signifie la putréfaction qui en est la suite et par laquelle la matière devient toute noire. Nous avons, à ce sujet, déjà parlé de deux dragons, l'un ailé, l'autre sans ailes, d'où résulte le mercure, qui se fait après cette putréfaction, la matière, en partie noire et en partie blanche. Mercure emprunta la forme de cette seconde espèce d'ibis qui, par ses deux couleurs, a le même rapport avec la lune que le taureau Apis et devient, comme lui, le symbole de la matière de l'art hermétique.

Les grands services que l'ibis rendait à toute l'Égypte, soit en tuant les serpents, soit en cassant les œufs des crocodiles, étaient suffisants pour que les Égyptiens lui accordassent les mêmes honneurs qu'aux autres animaux, et les rapports que nous venons d'indiquer l'ont fait admettre parmi les hiéroglyphes. A cause de ses rapports avec la lune, on donnait à Isis, qui est le symbole de cet astre, une tête d'ibis. Cet oiseau était consacré à Mercure, parce que ce dieu, fuyant devant Typhon, prit la forme d'un ibis. Hermès, sous cette forme, veillait, dit Abenephius (*De cultu egypt.*), à la conservation des Égyptiens, et les instruisait dans toutes les sciences[95].

En vain fera-t-on d'ingénieux commentaires pour expliquer ces hiéroglyphes dans un sens autre que le sens hermétique. Si Vulcain et Mercure ne sont pas la base de ces explications, on arrivera, à l'imitation de Plutarque, de Diodore et d'autres, à des inductions forcées, invraisemblables, et qui ne satisfont pas. On aura toujours, devant les yeux, cet Harpocrate avec le doigt sur la bouche,

---

[95] En Égypte, on ne pouvait tuer un ibis ou un épervier, même involontairement, sans perdre la vie. Dans l'antiquité, la vénération de quelques peuples pour les oiseaux était telle que Zoroastre, dans ses préceptes, en interdit le meurtre comme un crime.

annonçant que tout ce culte, ces cérémonies, ces hiéroglyphes, renferment des mystères[96], qu'il n'était pas permis à tout le monde de pénétrer, qu'il fallait les méditer en silence ; que les prêtres ne les dévoilaient pas à ceux qui ne venaient en Égypte que pour satisfaire leur curiosité. Les interprétations de beaucoup d'historiens ne sont pas plus croyables que ne l'étaient celles du peuple égyptien qui rendait les honneurs du culte aux animaux, parce qu'on lui avait dit que les dieux en avaient pris la figure.

---

[96] Les animaux évangéliques sont un des mille emblèmes imaginés pour exprimer les quatre éléments ou les quatre principes des corps, et cependant ils correspondent matériellement à quatre constellations, lesquelles forment le cortège du dieu-soleil, et occupent, au solstice d'hiver, les quatre points cardinaux de la sphère. « Les hiérophantes combinèrent tellement les dogmes et les symboles de leur religion, que ces symboles pussent être assez exactement expliqués par trois systèmes différents (l'allégorique, l'historique et l'astronomique), sans y comprendre la seule véritable interprétation, la seule qu'ils eussent en vue dans la formation de leur théogonie, c'est-à-dire l'interprétation physique qu'ils voilaient avec un soin extrême, pour en conserver toujours la connaissance exclusive. Leur but était que, si quelque esprit perspicace venait à soupçonner que la religion égyptienne fût emblématique, et qu'il fît, pour en saisir le sens, des efforts d'autant plus pénibles que l'écriture sacrée n'était connue que des prêtres, il pût être facilement dévié de ses recherches par une des trois routes qui s'offraient à lui de prime abord, et que l'on semblait n'avoir tracées sous ses pas que pour le mieux égarer. La quatrième, semée de ronces épineuses, formant à chaque pas des détours inextricables, était presque impossible à découvrir. Que si cependant, malgré toutes les précautions des hiérophantes, quelque indiscret initié, ou quelque profane doué d'un sens pénétrant, eût essayé de soulever le voile, l'initiation ou la mort les eût promptement délivrés d'un ennemi dangereux. Tel fut enfin le soin vigilant des prêtres, qu'une longue série de siècles ne vit point trahir leur secret.

# CHAPITRE XX :

## Les plantes hiéroglyphiques

*Lotus et fève d'Égypte.* — Le lotus est une plante aquatique qui ne diffère que par la couleur de sa fleur, qui est blanche, de la fève d'Égypte, dont la fleur est d'un rouge incarnat. Sa feuille représente, en quelque sorte, le soleil par sa rondeur, et par ses fibres qui d'un petit cercle placé au centre de cette feuille, se répandent comme des rayons jusqu'à la circonférence ; sa fleur épanouie présente, à peu près, la même chose. Cette fleur se montre à la surface de l'eau, au lever du soleil, et s'y replonge dès qu'il est couché. Telles sont les analogies qui l'ont fait insérer parmi les hiéroglyphes ; à cause de sa blancheur, la fleur du lotus ornait la tête d'Isis, et celle de la fève d'Égypte paraît la tête d'Osiris, d'Horus et des prêtres à leur service. Sans cette différence de couleur, une des deux plantes aurait suffi. Les vases sur la coupe desquels on voit un enfant assis sont ordinairement le fruit du lotus.

*La colocasie.* — C'est une espèce de gouet [97] qui croît en Égypte, dans les lieux aquatiques. Sa racine est bonne à manger. Son fruit, composé de baies rouges entassées, comme une grappe, le long d'une espèce de pilon qui s'élève du fond de la fleur, se voyait sur la tête de plusieurs divinités et sur celle d'Harpocrate, parce que sa couleur rouge représentait Horus (hermétique), avec lequel on a souvent confondu le dieu du silence, qui ne fut inventé que pour marquer le silence qu'on devait garder sur ce même Horus. Minerve était adorée à Sicyone sous le nom de Colocasie.

*Le perséa.* — Cet arbre, qui croît aux environs du grand Caire, a les feuilles semblables à celles du laurier, mais plus longues ; il est toujours vert. Son fruit a la forme d'une poire ; il renferme un noyau qui a le goût d'une châtaigne et la forme du cœur ; cette particularité, jointe à celle de ses feuilles qui ressemblent à une langue, l'a fait consacrer au dieu du silence, sur la tête duquel on le voit plus ordinairement que sur celle d'aucune autre divinité. Ce noyau y est repré-

---

[97] Terme de botanique. Plante dite aussi pied-de-veau, *arum maculatum*, L. Le gouet serpentaire, *arum dracunculus*, L. (NDE).

senté quelquefois entier, d'autres fois ouvert pour faire paraître l'amande, mais toujours pour annoncer qu'il faut savoir conduire sa langue et conserver dans le cœur le secret des mystères ; c'est pour cette raison qu'on le voit quelquefois sur la tête rayonnante d'Harpocrate, ou posé sur un croissant.

*Le musa* ou *amusa*. — Le tronc de cet arbre sans branches est spongieux, couvert d'écorces écailleuses ; ses feuilles, larges, obtuses, longues de trois mètres, sont affermies par une côte grosse et large qui règne au milieu. Du sommet de la tige naissent des fleurs rouges ou jaunâtres : leur fruit, d'un goût agréable, ressemble assez à un concombre doré. Sa racine, longue et grosse, est noire en dehors, charnue et blanche en dedans ; elle rend un suc blanc qui devient rouge ensuite. Ce n'est pas sa beauté qui lui a valu les honneurs hiéroglyphiques ; mais ses rapports avec quelques divinités hermétiques : les panaches d'Osiris et de ses prêtres ; ceux d'Isis, où ses feuilles se trouvent quelquefois ; le fruit coupé qui se fait voir entre les deux feuilles qui forment le panache, enfin la tige fleurie de cette plante qu'Isis présente à son époux, sont des choses qui ne sont pas représentées sans motif sur la *Table isiaque*[98]. *Ces peintures sont donc mystérieuses ; mais le mystère sera facile à dévoiler pour celui qui réfléchira sur tout ce qui précède : il reconnaîtra, dans la description de l'amusa*, les quatre couleurs principales du grand œuvre : le noir se trouve dans la racine ; or, la couleur noire est la racine, la base, ou la clef de l'œuvre ; l'écorce noire enlevée, on découvre le blanc ; la pulpe du fruit est blanche aussi ; les fleurs qu'Isis présente à Osiris sont jaunes et rouges, et la pelure du fruit est dorée. On a vu, dans nos descriptions, que la lune des philosophes est la matière parvenue au blanc ; la couleur jaune safrané et la rouge, qui succèdent à la blanche, sont le soleil ou l'Osiris de l'art. L'auteur de la *Table isiaque* avait donc raison de représenter Isis dans la posture d'une personne qui offre une fleur rouge à Osiris. On peut encore y observer que tous les attributs de ce dieu participent, en tout ou en partie, de la couleur rouge ou de la jaune ou de la safranée ; et ceux d'Isis, du noir et du blanc, pris séparément ou mélangés, parce que les monuments égyptiens représentaient ces divinités, suivant les différents résultats où se trouve la matière de l'œuvre pendant le cours des opérations. On peut donc rencontrer des Osiris de toutes les couleurs, mais alors il faut faire attention aux attributs qui l'accompagnent. Si l'auteur est au fait des mystères et qu'il ait voulu représenter Osiris dans sa gloire, les attributs seront rouges ou du moins safranés ; dans son expédition des Indes, les couleurs seront variées, ce qui était indiqué par les tigres et les léopards qui accompagnaient Bacchus ; en

---

[98] Cf. Caylus, *Description de la Table isiaque*, arbredor.com, 2007 (NDE).

Éthiopie, Osiris mort, les couleurs seront ou noires ou violettes; mais jamais on n'y trouvera du blanc sans mélange, comme on ne verra jamais aucun attribut d'Isis purement rouge.

Ces hiéroglyphes, si multipliés, ont été, pour la plupart, faussement interprétés par des historiens peu instruits qui, dans leurs récits sur le culte égyptien, ont pris pour des dieux tous les symboles placés dans les temples, et, pour une vraie adoration, la vénération publique dont ils étaient l'objet.

*Molybdenos.* —Les philosophes qui ont imaginé cette plante, dite saturnienne, pour représenter leur œuvre, disaient que sa racine était de plomb; sa tige, d'argent, et ses fleurs, d'or. Homère, dans son *Odyssée* (l. X, v. 302 et suivants), en fait mention sous le nom de *moly*.

## Résumé

Nous avons vu que le feu philosophal, cet agent principal de l'alchimie, était l'électricité, dont les physiciens modernes ont si bien déterminé les mystérieuses lois d'action.

Examinons la nature des éléments considérés comme les causes principales de l'œuvre hermétique l'élixir de longue vie et la pierre philosophale.

1° Le *nitre* est connu pour être un élément constitutif de la plupart des corps naturels. Combiné avec le principe alcalin, il produit le natron ou natrum[99] des anciens et le salpêtre des modernes. Les Écritures et la science s'accordent à reconnaître à cet agent chimique les vertus d'un dissolvant universel. Les Juifs l'employaient en bains[100].

Les chimistes tirent de ce sel leur eau forte[101] et leur eau régale[102], qui sont les principaux agents employés en métallurgie.

2° Le second élément principal est le *soufre*, substance simple, universelle et que mentionnaient fréquemment la tradition sacrée et la tradition classique. Le

---

[99] C'est aussi un sel alcali naturel qu'on trouve dissous dans les eaux de plusieurs lacs en Égypte et en Afrique, et cristallisé sur les bords.
[100] C'est pour cela que Jérémie a dit: «Quand vous vous laveriez avec du nitre et que vous (Jérusalem) vous purifieriez avec beaucoup d'herbe de borith, vous demeurerez souillée devant moi dans votre iniquité, dit le Seigneur» (chap. II, vers. 22).
[101] Acide nitreux, qui ronge et dissout les métaux, excepté l'or.
[102] Acide nitro-muriatique, qui est le dissolvant de l'or.

soufre a sur le nitre, l'eau forte et l'eau régale, un effet singulier : il les dispose à agir sur le mercure en produisant des amalgames métalliques.

3° Et le troisième élément est le *mercure*, que les alchimistes supposaient être la base de tous les métaux.

Les combinaisons de ces trois éléments devaient produire : à l'état liquide, l'élixir ; à l'état solide, la pierre philosophale.

Les médecins alchimistes connaissaient parfaitement les puissantes propriétés thérapeutiques de ces trois éléments.

L'élixir, ce merveilleux réparateur de la jeunesse, et conservateur de la vie et de la beauté, bien supérieur à tous les baumes inventés depuis, était encore rendu plus efficace par l'adjonction d'un peu d'or en dissolution. Il devenait alors le fameux *aurum potabile*, ce nectar, cette ambroisie dont les poètes de l'antiquité ont proclamé l'existence.

Cet or potable était reconnu pour une médecine puissante et vivifiante : les ingrédients énergiques et médicaux y étaient combinés de manière à produire une dépuration, une revivification et, en quelque sorte, une résurrection de l'organisme humain.

Les mêmes substances qui, amalgamées d'une certaine façon, produisaient l'élixir, étant amalgamées et préparées d'une autre manière, produisaient la pierre philosophale, soit en poudre, soit à l'état de concrétion. Le nitre, le soufre et le mercure étaient mêlés en proportions différentes suivant la nature du métal qu'on voulait transformer ; alors, le feu hermétique était indispensable.

D'où il résulte que la composition de la pierre contenait telles quantités de nitre, de soufre et de mercure jugées nécessaires pour produire la transmutation de certains métaux, avec l'action de l'électricité, lorsqu'ils étaient arrivés à l'état de fusion.

Cette définition peut servir à faire comprendre les descriptions mystérieuses de cette pierre par les écrivains hermétiques. L'un d'eux s'exprime ainsi : « La pierre philosophale, le grand but de l'alchimie, est une préparation spécifique d'agents chimiques, qui, une fois trouvée, est destinée à convertir toute la partie mercurielle d'un métal donné en or plus pur que celui qu'on extrait des mines, et cela en jetant seulement une petite quantité d'or dans les métaux en fusion ; tandis que la partie des métaux qui n'est pas le mercure est immédiatement brûlée et disparaît. Cette pierre a la pesanteur de l'or ; elle est fragile comme du verre, de couleur foncée ; elle fond comme la cire au contact du feu. Voilà ce que les alchimistes promettaient de trouver ; mais ils assuraient aussi qu'ils feraient la même pierre pour l'argent, et cette pierre devait transformer en argent d'une qualité supérieure tous les métaux, excepté l'argent et l'or. Ils ont de plus promis, dit le célèbre Bœrhaave, de perfectionner la pierre philosophale à un degré tel que, jetée dans une certaine quantité d'or fondu, elle changerait la substance en pierre philosophale. Ils ont enfin affirmé qu'ils lui donneraient une force et une vertu telles que, mêlée avec le vif-argent pur, elle le transformerait également en pierre philosophale.

« Tout ce dont il s'agit, disent des alchimistes, c'est de faire en peu de temps, par la science, ce que la nature accomplit en plusieurs années et même en plusieurs siècles. Tout est dans tout, selon le dogme panthéiste. Il y a dans le plomb du mercure et de l'or. Eh bien! si l'on trouvait un corps qui agitât toutes les parties du plomb, de façon à consumer tout ce qui n'est pas mercure, en tenant compte du soufre pour examiner le mercure, n'y a-t-il pas lieu de croire que le liquide restant se transformerait en or? Telle est la base de l'opinion qui admet comme probable la découverte de la pierre philosophale, de cette pierre que les alchimistes prétendent être une essence concentrée et fixée, qui, dès qu'elle est fondue avec un métal quelconque, s'unit immédiatement, par sa puissance magnétique, à la partie mercurielle du métal, volatilise et chasse tout ce qui s'y trouve d'impur, et ne laisse subsister que l'or pur.

« Les alchimistes ont employé deux autres moyens pour arriver à faire de l'or. Le premier est la séparation: car ils disent que chaque métal connu contient une certaine quantité d'or; seulement, dans la plupart, la quantité est si minime, qu'elle ne défraierait pas les dépenses qu'on ferait pour l'obtenir. Le second moyen est la maturation. En effet, les alchimistes considèrent le mercure comme la base et la substance de tous les métaux, et ils affirment qu'en le subtilisant et en le purifiant avec beaucoup de peine et après de longues opérations, on le changerait infailliblement en or pur.

La question fondamentale est de savoir:

1° si les métaux ont une base commune, et quelle est cette base;

2° s'ils ont un principe métallique commun, et quel est ce principe;

et si, par l'action de l'électricité, ils peuvent, étant en fusion, être transformés par l'addition de certaines quantités de nitre, de soufre et de mercure bien préparés, et produire la pierre si désirée.

Les métallurgistes modernes, et les physiciens qui étudient les phénomènes de l'électricité, continuent de s'occuper de ces questions importantes, persuadés que si l'on peut décomposer les métaux, on pourra les recomposer et leur faire subir telle transformation qu'on voudra.

Déjà le savant Davy avait fait faire un pas à la science, lorsqu'il réduisit, par ses expériences galvaniques, le nombre généralement accrédité des substances simples, en décomposant plusieurs de ces corps regardés comme élémentaires ; mais, parmi, ceux qu'il avait classés comme tels, MM. Brand et Faraday en ont signalé quelques-uns qui étaient aussi réellement composés. Cette analyse, poussée à son dernier terme, fera-t-elle enfin parvenir à la décomposition des métaux et à la découverte de leurs premières bases [103]. Les alchimistes, dans leurs opérations, font connaître qu'ils unissaient la puissance de l'électricité et du feu ordinaire et qu'ils appliquaient les forces galvaniques aux métaux en fusion. Comment vérifier leurs assertions et démontrer la vanité de leur doctrine, si, dédaignant leurs indications pratiques, on continue à n'employer que le feu ordinaire ?

Les électriciens Gross, Fox et quelques autres, sont arrivés bien près de la transmutation des métaux, lorsqu'ils en ont changé la forme et le caractère par l'action continue des courants galvaniques d'électricité. Ils ont produit, dans un court espace de temps, ce que la nature n'accomplit qu'au bout de plusieurs siècles : de magnifiques cristallisations dans des substances minérales qu'on ne soupçonnait pas être susceptibles d'une telle formation. Il est à regretter qu'ils n'aient pas employé l'électricité aux métaux en fusion, en y ajoutant les agents chimiques familiers aux alchimistes et aux métallurgistes [104].

En attendant que les alchimistes de l'antiquité soient reconnus pour les plus sublimes philosophes, la science a tiré grand profit des travaux consciencieux des philosophes mystiques des Temps modernes, tels que Cardan, qui a découvert le formidable levier de la volonté ; Artéphius, le secret du principe vital ; Hortensius, la fabrication du diamant ; Albert-le-Grand, Roger Bacon, Raymond Lulle, Aslin de Lisle, Arnaud de Villeneuve, Paracelse, Agrippa, Van Helmont, Avicenne, et tant d'autres, les arcanes de la nature ; Mesmer, le magnétisme, cette autre puissance occulte de l'organisme humain ; Leibniz et Fourier, les res-

---

[103] On lit dans le feuilleton de *la Presse* du 4 octobre 1851 : « Un échantillon d'un nouveau métal, le *donarium*, ayant été envoyé à l'Association Britannique pour l'avancement des sciences, M. Faraday a pris occasion de cet envoi pour remarquer que les chimistes ont vu avec regret la rapide augmentation du nombre des corps métalliques. Mais, a-t-il ajouté, il est probable que nous devrons bientôt à quelques-uns de ces prétendus éléments l'honneur d'arriver, par de nouveaux modes de recherche, à la complète décomposition des métaux. « Dans la même séance, M. Dumas, présentant des considérations sur la probabilité que certains corps regardés comme élémentaires pourront être décomposés, confirmait et complétait les prévisions du physicien anglais. « Appliquant cette idée aux métaux, il montrait en effet que ceux qui se substituent les uns aux autres, dans certains composés, pourront se transmuter les uns dans les autres ; et cette conséquence le conduisait à rappeler l'opinion des alchimistes sur la transmutation des métaux. »
[104] « Le directeur de la manufacture de Sèvres fait, comme on sait, des pierres rares et précieuses, et particulièrement des rubis, que le plus habile joaillier ne distinguerait pas de ceux que la nature fournit. »

sorts sublimes de l'harmonie universelle. Leurs travaux prodigieux sont autant de flambeaux qui éclairent le sentier qui conduit à la vérité.

## CHAPITRE XXI :

### Effets de la barbarie

« Ces écrits, où ces hommes supérieurs à leurs siècles qu'ils devançaient toujours avaient consigné les résultats immortels de leur savoir et fait connaître les plus secrets mystères de l'organisation humaine, par lesquels tout se combine, se développe, se dissout, se transforme dans le laboratoire universel ; ces écrits furent privés d'initiés pour en interpréter les mystères et les secrets.

« Les studieux d'alors, pour lesquels le livre aux sept sceaux se trouvait ainsi fermé, errant sans guide, soumirent ces sciences sublimes à leur raisonnement inéclairé : la cabale, pour eux indéchiffrable, se perdit ; l'alchimie et l'iatricie devinrent la chimie et la médecine ; l'astrologie devint l'astronomie ; le magisme fut traité de magie[105], de sorcellerie ; le magnétisme même, qui jadis était une partie essentielle de l'art de guérir, fut également perdu ; il fut heureusement retrouvé par Mesmer en étudiant l'influence des planètes sur l'homme et, sous cette dénomination, il fit passer cette curieuse partie des sciences occultes du laboratoire secret du magisme dans le domaine public de la science.

« Dans les temps d'ignorance européenne, et de croyances intolérantes du moyen âge, on calomnia et l'on persécuta ceux qui se livraient à quelques études de ces sciences pour n'en pas perdre la trame ; et, sous le prétexte superstitieux qu'ils portaient une main sacrilège sur l'arche sainte de la foi, on les excommu-

---

[105] Un physicien, sous le nom d'Eteila, établit à Paris, le 1er juillet 1795 (an II), une école de magie, où il professait publiquement et dont les cours étaient affichés sur les murs de la capitale. Déjà Schrœder, dit le Cagliostro de l'Allemagne, avait, en 1779, ouvert dans une loge de Sarrebourg son école de magie, de théosophie et d'alchimie, en quatre grades, auxquels il donna le nom de rose-croix rectifié.

niait[106], on les accusait de sorcellerie[107], d'enchantement, et on les condamnait à périr dans les flammes d'un bûcher, pour la plus grande gloire de Dieu, dont ils étaient cependant les plus sincères admirateurs et les vrais interprètes de ses œuvres.

« L'aveugle fanatisme et les persécutions dispersèrent ou anéantirent presque entièrement ces ouvriers laborieux de l'antique philosophie ; et à la renaissance les lumières, le demi-savoir et le doute, au style railleur, étaient impuissants pour produire rien qui fût capable de remplacer ce qui était perdu ou semblait l'être ; car quelques grands génies, épars parmi les hommes, s'occupaient, en secret, d'éclairer la marche de l'humanité, malgré le dédain des hommes qui, aux yeux de la multitude, passaient pour des savants.

« Dans cette époque de doute sur l'occultisme, Fourier n'a point dédaigné l'étude des astres et leurs influences. Ce génie supérieur n'a pas craint de réapprofondir les mystères et les secrets de la science antique, et il en fut merveilleusement récompensé par la découverte des lois de l'harmonie universelle et de l'unité, ce nœud sublime de la chaîne des causes. Il a pu alors pénétrer plus avant que ses devanciers et que Leibniz lui-même, dans l'intelligence des mystères de la nature. A l'exemple des alchimistes, il a donné les résultats de la science, sans faire connaître les procédés qui les lui ont procurés. »

Maçons d'élite et studieux, marchez sur ses traces, renoncez aux futilités maçonniques, livrez vos esprits aux recherches savantes, adonnez-vous aux méditations dont s'occupaient les anciens sages, instruisez-vous pour éclairer vos frères, et que l'étude sérieuse des sciences utiles devienne le but de vos séances philosophiques ; dévoilez-y les anciens mystères, dont vous serez les glorieux interprètes. J'ai osé vous en tracer la voie : devenez initiés !

---

[106] En 1243, le pape Grégoire IX lança l'anathème contre l'empereur Frédéric II, disant qu'il tirait contre lui le glaive médecinal de saint Pierre et publiait, *en esprit de douceur*, la sentence d'excommunication. Cet esprit de douceur déliait les sujets de l'empereur de leur serment de fidélité, le déposait et donnait sa couronne à un autre prince. Un bon curé de Paris, ayant reçu l'ordre de publier cette excommunication, dit en chaire : J'ai ordre de dénoncer l'empereur comme excommunié. J'ignore pourquoi : j'ai appris seulement qu'il y eut un grand différend entre lui et le pape. Je ne saurais dire de quel côté est le bon droit : en conséquence, autant que je le puis, j'excommunie celui des deux qui a tort. »
[107] Le célèbre philosophe Albert, que l'immense variété de ses connaissances fait surnommer Le Grand, fut réputé *sorcier* par ses contemporains, à cause de sa haute science. Nommé à l'évêché de Ratisbonne, il s'en démit en 1263. Il mourut à Cologne en 1280.

# ANNEXE

## Courte notice sur Fourier

F.-C.-Ma. Fourier né à Besançon, en 1772, mort en 1837, est le fondateur de l'École sociétaire ou phalanstérienne. Il figure dans notre galerie philosophique comme auteur de la *Théorie des quatre mouvements et des destinées générales*[108].

*Fourier, qu'on serait tenté de croire franc-maçon, s'exprime ainsi dans cette théorie, publiée en 1808 et réimprimée en 1840 (1 vol. in-8, avec une préface des éditeurs).*

« *Dieu est ennemi de l'uniformité ; il veut que le mouvement varie à perpétuité, soit en gradation, soit en dégradation. A cet effet, il fait éclore périodiquement, dans nos sociétés, des germes d'innovations bienfaisantes ou nuisibles ; c'est à la raison à juger l'emploi de ces germes : à étouffer les mauvais comme les clubs politiques, à développer les bons, tels que la Franche-Maçonnerie.*

« *Quel parti salutaire pourrait-on tirer de la Franche-Maçonnerie, qui est parvenue à opérer l'affiliation dans toutes les régions civilisées, et à ne se composer que de la classe aisée, sous la protection des grands qui sont à sa tête, et qui a habitué le peuple à voir, sans jalousie, ses assemblées mystérieuses tenues en secret loin du profane vulgaire !*

« *Voilà une question tout à fait neuve pour le siècle, qui n'a pas su discerner les ressources qu'offrait cette institution : c'est un diamant que nous dédaignons sans en connaître le prix. Ainsi, les sauvages du Guahana foulaient aux pieds les blocs d'or, avant que la cupidité européenne leur en eût appris la valeur.* »

Cette lumière, cet encouragement d'un penseur profond, n'ont encore rien produit, tant a de puissance la force d'inertie sur l'esprit des maçons !

Disons ici, pour les maçons qui n'ont pas lu Fourier, un mot de son système.

Ce philosophe est venu compléter l'œuvre de Newton, en découvrant la loi de l'attraction passionnelle. Il a, dans son vaste système, aussi ingénieux que vrai, trouvé l'analogie universelle, les lois de l'unité et de l'harmonie des mondes. Fourier était extatique, et cette disposition à l'extase donne la clef de ses prévisions.

Newton a développé le principe, indiqué avant lui, de l'attraction sidérale (matérielle) qui fait graviter tout système planétaire autour de son astre pivotal et produit l'harmonie des corps célestes.

L'attraction est donc une loi (loi d'amour) qui régit tout l'univers. Pour l'exé-

---

[108] En attendant un monument digne de lui et de ses admirateurs, ses cendres reposent modestement dans le cimetière Montmartre, à Paris.

cution de cette loi puissante, Dieu n'emploie jamais la contrainte : il passionne ses innombrables créatures pour la chose qu'il veut qu'elles fassent ; leur liberté et leur bonheur sont le résultat de leur obéissance à cette loi, que Fourier nomme l'attraction passionnelle ou la loi de l'harmonie et du bonheur.

Le caractère de cette loi divine est l'unité ou le principe unique, universel, cause de l'ordre de l'harmonie générale et de la simplicité dans les moyens de production ; d'où il résulte que le principe qui, dans la nature, régit le matériel ou le corps des choses et des êtres, est le même qui régit leur animation minérale, végétale ou animale.

Fourier va plus loin : il considère l'homme comme étant institué par Dieu, roi de la terre, et, d'après le principe d'unité, tout ce qui existe sur la terre doit être modelé sur l'homme ; la terre doit refléter l'homme, comme l'homme reflète Dieu. Par conséquent, tous les êtres créés sont en rapport avec la double nature (matérielle et animique) de l'homme ; et cet observateur appelle la loi de ces rapports l'analogie universelle, science sans limite par laquelle il découvre l'histoire de l'avenir et celle du passé ; c'est ainsi que, suivant lui, les animaux et les plantes sont autant d'hiéroglyphes en rapport avec les destinées humaines et que l'analogie apprend à déchiffrer.

On regrette que Fourier n'ait pas fait un traité complet de botanique passionnelle [109] ; il s'est borné à donner la clef du système et de la classification ; il a joint au précepte des exemples qui donnent de l'attrait à cette science. Citons :

Le BUIS, emblème de la pauvreté, habite les lieux arides et les terrains ingrats, comme l'indigent qui est réduit au plus chétif domicile. On voit les insectes s'y attacher comme au pauvre qui n'a pas le moyen de s'en garantir. L'indigent n'a point de plaisirs : la nature a point cet effet en privant la fleur du buis de pétales, qui sont emblèmes du plaisir. Son fruit est une marmite renversée, image de la cuisine du pauvre qui est réduite à rien. Sa feuille est creusée en cuiller pour recueillir une goutte d'eau, comme la main du pauvre qui cherche à recueillir une obole de la compassion des passants. Son bois est serré et très noueux, par allusion à la vie rude et à la gêne du misérable, chez qui règne l'insalubrité, figurée par l'huile fétide qu'on retire du buis.

Le GUI est le portrait du parasite, vivant des sucs d'autrui ; il se développe indifféremment en sens direct ou inverse, comme l'intrigant qui prend tous les masques. Le gui figure par sa feuille sa duplicité et donne dans sa glu le piège

---

[109] M. Toussenel, inspiré par Fourier, a, dans sa *Zoologie passionnelle* (l'esprit des bêtes) et avec le style pittoresque qui distingue ce piquant et savant écrivain, écrit des choses curieuses sur l'origine sidérale de beaucoup de plantes, fruits, animaux et métaux.

où viennent se prendre les oiseaux, comme les sots se prennent aux ruses du parasite.

La BALSAMINE: Fourier dépeint dans cette fleur l'intrigant industriel et fortuné.

La COURONNE IMPÉRIALE est le tableau de la noble industrie humiliée; c'est celle du savant ou de l'artiste: cette fleur, qui a six corolles renversées et surmontées, comme la balsamine, d'une touffe de feuillage, a la forme de vérité (forme triangulaire du lis et de la tulipe). Elle excite un vif intérêt par l'accessoire de six larmes qui se trouvent au fond du calice. Chacun s'en étonne: il semble que la fleur soit dans la tristesse; elle baisse la tête et répand de grosses larmes qu'elle tient cachées sous ses étamines. C'est donc l'emblème d'une classe qui gémit en secret. Cette classe est très industrieuse; car la fleur porte en bannière le signe artistique, la touffe de feuilles groupées au haut de la tige, en symbole de la haute et noble industrie, des sciences et des arts. Cette classe intelligente est celle des savants utiles qui sont obligés de fléchir devant la vanité plébéienne: aussi la plante incline-t-elle ses belles fleurs en attitude de souffrance. Elles sont gonflées de larmes cachées: image du sort des savants et des artistes, principal ornement de la société. Cette fleur est couleur orange, qui est celle de l'enthousiasme, par analogie à la classe des savants et des artistes, qui n'ont d'autre soutien que l'enthousiasme contre la pauvreté.

C'est ainsi que tels objets, forts insignifiants au premier aspect, s'embellissent par la fidélité de l'interprétation et par leur justesse hiéroglyphique.

# Table des matières

### PREMIÈRE PARTIE :
### MAÇONNERIE OCCULTE
### OÙ L'ON TRAITE DES SCIENCES OCCULTES

CHAPITRE PREMIER : Que les enfants des ténèbres deviennent les enfants de la lumière .................................................................. 5
CHAPITRE II : Puissance des nombres d'après Pythagore ..................... 11
CHAPITRE III : Philosophie occulte d'Agrippa ................................ 21
CHAPITRE IV : Principes de la philosophie rationnelle de Cardan ............ 24
CHAPITRE V : Système philosophique et médical de Paracelse ............... 26
CHAPITRE VI : Iatricie ou art de guérir .......................................... 28
CHAPITRE VII : Maçonnerie mesmérienne ou rite de l'harmonie universelle .... 32
CHAPITRE VIII : Du magnétisme ................................................. 34
    Tout est possible en magnétisme ............................................. 34
    De l'électricité magnétique ................................................... 37
    Aphorismes mesmériens ..................................................... 39
CHAPITRE IX : Du somnambulisme ............................................. 41
    De l'âme universelle ou l'animation ......................................... 43
    Du monde occulte (invisible) ................................................ 43
CHAPITRE X : De la thaumaturgie ............................................... 45
    Des prophéties ................................................................ 45
    De la divination ............................................................... 46
CHAPITRE XI : De la psychologie ................................................ 49
    De la physiologie ............................................................. 49
    De la physiognomonie ....................................................... 49
    De la chiromancie ............................................................ 50
    De la physiologie de la main ................................................. 51
    De la chirologie ............................................................... 53
CHAPITRE XII : De la phrénologie ............................................... 55
    Du libre arbitre ............................................................... 57
CHAPITRE XIII : Des sciences occultes .......................................... 59
    De l'astrologie ................................................................ 60
    De la kabbale ou cabale ...................................................... 61
CHAPITRE XIV : Du magisme (magie) .......................................... 62
    Disques magiques ............................................................ 64
    Le corps humain comparé a une pompe électrique ......................... 67

Le sommeil des somnambules diffère de celui des lucides ........................ 68
Aucun souvenir ne suit le réveil. ........................................................... 69
Du magisme religieux ............................................................................ 69
De la magie des paroles. ......................................................................... 70
La magie du vouloir ............................................................................... 72
Magnétiser c'est faire de la magie ........................................................... 72
Des tables tournantes. ............................................................................ 75

## DEUXIÈME PARTIE :
## MAÇONNERIE PHILOSOPHALE
## OU INITIATION HERMÉTIQUE

CHAPITRE XV : Préambule. ................................................................. 78
    Base de la maçonnerie hermétique. ................................................... 79
    Citations hermétiques ....................................................................... 79
    Citations cabalistiques ...................................................................... 80
CHAPITRE XI : Hermès ........................................................................ 85
CHAPITRE XVII : Interprétations philosophiques ................................ 90
    Filiation d'osiris, isis et orus ou horus, etc. ...................................... 90
    Histoire d'osiris. ............................................................................... 92
    Typhon. ........................................................................................... 93
    Anubis. ............................................................................................ 95
CHAPITRE XVIII : De l'alchimie ou philosophie hermétique. ............. 96
    Art sacerdotal. .................................................................................. 96
    Principes préparatifs ou clefs de l'œuvre ......................................... 103
CHAPITRE XIX : Animaux symboliques ............................................ 113
CHAPITRE XX : Les plantes hiéroglyphiques ..................................... 121
    Résumé. .......................................................................................... 123
CHAPITRE XXI : Effets de la barbarie. ............................................... 128

## ANNEXE

Courte notice sur Fourier ..................................................................... 131